니 혼자 부처 되면 뭐하노

금구망설金口妄說

니 혼자 부처되면 뭐하노

월암月庵

담앤북스

책을 펴내며

생각 이전 자리에 고요히 앉아라. 그리고 깨어 있는 생각으로 세상을 품어라. 생각을 따라가면 어지러운 중생의 길이요, 생각을 돌이켜 비추면 고요한 수행자의 길이요, 생각에 걸림이 없으면 자재한 부처의 길이다.

생각에 휘둘리거나 생각 이전에 안주하면 양변에 치우침이니 중도의 길이 아니다. 만약 생각하되 생각함에 걸림이 없으면 생각 이전의 고요함이나 생각 이후의 어지러움에 자재하게 된다. 그러면 생각 이전으로 깨어 있고 생각 이후로 열려 있게 된다. 깨어 있음이 지혜가 되고, 열려 있음이 자비가 되니, 지혜와 자비를 함께 닦음이 선禪이다.

용성 선사가 말하기를, "가난한 사람이 황금산에 앉아 분명히 황금인 줄 알지만 사용할 줄 모르는 것은 병통이요, 도가 아니다."라고 하였다. 청산에 앉아 흰 구름을 벗하는 것이 어찌 기특한 일이겠는가. 오직 의정을 홀로 드러내어 화두일념이 되어, 그 일념마저 타파하고 세상을 향해 걸어가라.

산승은 무슨 전생 업인지 모르지만 경전이나 어록을 보다가 마음에 와닿는 구절이 있으면 메모해서 다른 이에게 전해드리는 일을 곧잘 해왔다. 출가해서 지금까지 외호해주신 단월들에게 성현의 말씀에 사족을 보태서 보낸 것은 나 스스로 즐거운 일이며, 아울러 많은 불자들이 혹여 불조의 말씀을 통해 발심의 계기가 되기를 희망하기 때문이다.

그런데 실참실오實參實悟를 수행의 가풍으로 내세우는 선문禪門에 몸담고 있는 납자이고 보면, 늘 문자의 효용에 대해서는 주저하게 되는 것이 사실이다. 특히 옛 조사의 경구가 문자를 드러냄을 더욱 신중하게 하는 측면이 없지 않다. 『선림보훈』에서 영원유청 선사는 이렇게 경계하고 있다.

"문자공부로는 자기 성품의 근원을 밝힐 수 없을뿐더러 후학들이 부처님의 지혜의 눈을 얻는 데 장애만 줄 뿐이니, 그것은 남을 통해 이해함으로써 스스로 깨치는 방편을 막아버리는 병통이 있기 때문이다. 그러므로 말재주를 늘리면 천박한 지식만 성해지고, 알음알이를 틔워주면 끝내 묘한 깨달음을 극진히 하기는 어렵다. 그리하여 결국에는 깨달음(解)과 실천(行)이 일치하지 않고, 늘 보고 듣는 것이 더욱 어두워지는 것이다."

깨달음과 실천이 일치하는 것(解行相應)이 조사라고 했다. 내 자신 문자의 천착으로 실참에 구애됨을 경계해야 함은 물론, 주위에 함께하는 선자들에게도 혹여 알음알이 선자禪者로 전락되게 하는 우를 범하게 하는 일은 없어야 한다. 선자가 공부를 성취하려면 마땅히 스스로 참구해야지 다른 이가 대신해줄 수 없다. 즉 본분을 밝히는 일은 언어 문자를 떠난 도리여서 스스로가 긍정하는 데 있는 것이지 남의 말에 의지해서 깨닫는 것은 결코 아니다.

그렇다 하더라도 중생을 인도하는 수순隨順의 묘용妙用에서는 근기에 응함이 수연자재隨緣自在하여 팔만 사천의 방편문을 시설함이 허물이 될 수는 없다. 깨달음은 언어문자로 드러낼 수 없지만 언어문자를 통하지 않고서는 깨달음에 나아갈 수 없다. 문자의 노櫓를 잘 저어 저 언덕에 도달하면 되는 것이지, 배에 눌러앉아 뱃놀이에 취한다든지 혹은 언덕에 이르고 난 뒤에도 노를 짊어지고 언덕에 오르는 어리석음만 삼가면 어찌 노의 허물을 논할 수 있겠는가.

불이선회 불자들의 간절한 청에 못 이기는 양 하여, 공문空門에 들어와 십오 년 정도의 시간이 지난 송학사 시절부터 지금 한산사에 이르기까지 소소하게 님들에게 보낸 편지, 엽서, 문자, 소참 등을 수집하여 한 권의 망상집을 엮는 데 동의하게 되었다.

본색종사가 되어 견성오도見性悟道의 소식을 전해도 허물이 수미산일 텐데, 낙소한담落笑閑談의 쓰레기통을 뒤져 망설妄說을 엮어냄은 아비옥의 업을 자초하는 일임에 분명하다. 그럼에도 불구하고 불조의 언설과 고덕의 행실이 그 속에 녹아 있기에 눈과 귀에 스치는 인연만으로도 불법의 종자를 심어주기 위한 작은 심려라고 평계를 삼고자 한다.

시절이 하수상하고 출가자들의 수행력 부족으로 정법안장正法眼藏이 현사의 맥(懸絲之脈)을 연출하고 있다. 진실로 일대사를 궁구하고 모든 사람을 부처로 섬기는 견성도생見性度生의 본분사에 충실하고 있다면, 오늘날 스스로 만든 법난에 목숨을 구명하지 않아도 될 것이다. 본분종사가 되어 온몸으로 중생을 껴안아 인연 따라 제도함에 신명을 바치지 못함을 자책하지 않을 수 없다.

고덕이 말하기를, "선지식이라면 모름지기 밭을 가는 농부의 소를 빼앗고, 허기진 자의 밥을 빼앗는 솜씨가 있어야 한다. 만약 그렇지 못하면 모조리 흙장난이나 하는 놈들이다."라고 하였다. 납자는 철저히 가난하여 송곳 꽂을 땅은 고사하고 송곳마저 없어져야 하는데 한낱 흙장난에 몰두하고 있으니 천불千佛이 출세해도 제도받기 어려울 것 같다. 소문으로는 부귀영화를 누리고 있는 줄 알았지만 알고 보니 천하에 가난뱅이여야 제대로 된 납자의 살림살이다.

산승과 함께하는 길벗들에게 간절히 당부하노니, 아직 마음자리를 밝혀내지 못했다면 무엇보다 먼저 쉬어야 한다. 쉬고 쉬면 도는 저절로 나타날 것이다. 쉰다는 것은 밖으로 치닫는 생각을 그친다는 말이다. 아등바등 밖으로 향하여 구하면 도리어 미혹과 번민만 더하게 된다. 있는 그 자리에서 바로 쉬어야 한다. 남에게 의지하면 안 된다. 오로지 화두일념으로 본분 일대사를 참구하여 스스로 이 일을 밝혀내는 것은 무량겁으로부터 내려오는 업식을 당장에 놓아버리고 생사의 근본을 확실히 통달하는 것이다.

선방에 조금 앉아서 눈앞에 나타난 허깨비를 보고 착각하여 살림살이로 삼는다면 헛공부에 세월을 낭비하는 것이다. 밤낮으로 자신을 오롯이 하여 행주좌와에 정성을 다해 공부를 지어간다면 머지않아 도道의 문이 열릴 것이다. 이 공부는 어제 저녁 오늘 아침에 흉내 내어 이루어지는 공부가 아니다. 천겁 만겁 쌓아온 업장이 어찌 하루아침에 녹아지겠는가.

그러나 푸른 하늘에 아무리 먹구름이 짙다 하더라도 맑은 하늘 자체를 더럽힐 수는 없다. 꿈속에서 울고 웃는 것은 실로 울고 웃는 것이 아니다. 유위有爲로 지어가는 모든 일이 마땅히 여몽환포영如夢幻泡影임을 알고 정견正見을 갖추어 발심發心해가면 머지않아 보현행원의 바다에 이르게 될 것이다.

만일 이와 같이 온전하게 공부를 지어갈 수 없다면 경전 읽고, 염불하고, 법문 듣고 절하고 보시하며, 선연공덕善緣功德을 가꾸면서 여생을 보내는 것도 그나마 다행일 것이다. 이것이 불법을 만나고도 방일하게 세월을 죽이는 것보다는 훨씬 낫기 때문이다.

잠꼬대를 하더라도 다라니로 한다는 말이 있듯이, 산승이 이제까지 살아오면서 늘어놓은 온갖 한담망설閑談妄說을 불조의 금구성언金口聖言을 빌려 포장한 허물을 만천하에 발고하여 참회하고자 한다. 천하 선지식들과 강호제현의 꾸지람을 넓은 오지랖으로 받들겠다.

불문에 들어와 인연 된 모든 스승님과 도반들과 단월들에게 감사드리고, 불이선회 선우들에게도 정진이 여일하여 좋은 소식이 봄볕처럼 번져오기를 앙축하는 바이다. 이 책이 나오기까지 노고해주신 여러분들께 감사드린다.

무술년 정월 정초 한산사 용성선원에서.
晴호 月庵 합장.

1장

가슴으로 우는 새는 소리가 없다

모정 단절 18 | 모든 바람은 지나가는데 21 | 내려놓아라 23 | 중노릇 25 | 개망초 28 | 산에 들어가 31 | 청빈가풍 33 | 선탈 35 | 칠불암에서 37 | 새벽에 홀로 앉아 39

한낮의 꿈 42 | 동지사설 44 | 천만 겁이 지나도 47 | 동안거를 시작하며 50 | 꿈인 줄 알고 52 | 무문관을 나오며 54 | 친절 57 | 소가 되어 59 | 도에 나아가는 것 61 | 죽음에 이르나니 63

참된 출가 65 | 본무생사 67 | 서호에서 69 | 구경행복 72 | 내일 모레 74 | 안거의 반철을 지나 76 | 매화향기 한바탕 78 | 고요히 앉아라 81 | 한 생각 일어난 곳 83 | 경신안심 86

2장

생각 이전 자리에 앉아라

명리는 아침이슬 90 | 선교방편 92 | 삶의 풍경 그대로 94 | 명리를 구하지 않고 96 | 춘망사 98 | 매화향기 100 | 암자 한 칸 101 | 선다일미 103 | 아미산에 올라 106 | 유발상좌를 보내며 108

열 가지 이익 없음 110 | 칠불 정토에서 112 | 초명의 살림살이 114 | 대도무문 116 | 생각 이전 자리 118 | 첫눈이 오면 120 | 선우를 맞이하며 122 | 본래면목 124 | 문에 서서 127 | 안영한담 129

염일방일 132 | 유채꽃밭에서 135 | 동안거 해제날에 138 | 소림초당에서 140 | 불이암에서 142 | 사청사우 144 | 사월의 기기암 146 | 전생 애인 148 | 귀에만 스쳐도 150 | 한 물건도 없다 152

3장

오늘 지금 여기를 살아라

수연자재 156 | 거울 하나씩 158 | 한산에 들어 160 | 차나 한잔 드시게 164 | 출가인은 166 | 중생은 분별이다 168 | 조주의 정신 170 | 색탑공탑 172 | 있다 없다 174 | 천년을 하루같이 176

설매화 178 | 봉암사에서 180 | 불이중도 182 | 취설화 184 | 오늘 지금 여기 186 | 단막증애 188 | 일 없는 사람 191 | 무상신속 193 | 우주적인 삶 195 | 대지의 마음 198

마음의 주인 200 | 조고각하 202 | 한산의 정원에 노닐다 204 | 한 생각 청정한 마음 206 | 여사인 208 | 산산수수 210 | 추위와 더위가 죽는 곳 212 | 하안거 해제일에 214 | 일야현자 216 | 마음을 거울처럼 218

4장

온 누리에 달빛이로다

산 다하고 물 다하고 222 | 보리심을 일으키면 224 | 보천삼무 226 | 무념 228 | 낙엽 구르는 소리 230 | 관왕지래 232 | 꿈을 깨야 234 | 생각 끊지 않네 235 | 화두수행 237 | 무금선원 239

원후취월 241 | 이뭣고? 244 | 그대로인 것을 247 | 한 생각 의심 249 | 천자에게도 절하지 않고 251 | 홀로 정상에 노닐다 253 | 본지풍광 255 | 운수납자 257 | 눈나라 259 | 도솔삼관 261

한 밤 자고 가다 263 | 십이각 265 | 반야의 노래 267 | 여래여거 271 | 영가이시여! 273 | 만 가지 경계를 따라 275 | 불이선 서원 278 | 천진불이라네 280 | 둘이 아닌 세상 282 | 양피사 옛 도량 284

5장

천번 만번 나고 죽어도

동자를 보내며 290 | 천당과 지옥 293 | 초발심이 정각을 이룬다 295 | 부처의 눈으로 보면 297 | 일수사견 299 | 생사고 301 | 밥 맛있게 먹어라 303 | 최잔고목 305 | 벽송에 꽃이 피니 308 | 대장부 지조 311

후회 313 | 무수자상 315 | 화로 속의 눈 317 | 본래 공하다 319 | 연기 322 | 사람다운 사람 324 | 한 생각 돌이키면 326 | 고향엘랑 가지 마소 328 | 부처를 안고 330 | 텅 빈 허공 332

법연사계 334 | 가슴으로 피우는 꽃 336 | 참선을 권하는 시 338 | 전도를 떠나라 342 | 공부가 되든지 안 되든지 345 | 도를 생각하리라 347 | 오비이락 349 | 생사를 벗어나는 공부 351 | 마음을 가져오너라 353 | 꿈속 같아 356

6장

넘쳐흘러야 사랑이다

산빛 달빛 360 | 이정표가 된다네 362 | 산처럼 물처럼 그리고 거울처럼 364 | 물속에 비친 달 368 | 칠보시 372 | 무금선원에서 374 | 아픔이 공인 줄 알지만 376 | 몽자재선원에서 378 | 둘 다 옳다 380 | 부즉불리 382

계정혜 384 | 아침이면 일어나고 387 | 일행삼매 389 | 봄볕 비치는 곳 391 | 오직 할 뿐 393 | 미움과 시기가 없기를 395 | 둘 다 좋은 사람 397 | 이름만 주지일 뿐 399 | 생사가 열반이다 401 | 산곡거사 403

안 태어난 셈치고 406 | 신령스러운 광명이 408 | 산은 산이요 412 | 밖에서 찾지 말라 414 | 돈오해탈 416 | 복수초 418

악몽 꾸지 않고 길몽 꾸게 해달라고 비는 것을
기도라 하지 말라.
악몽도 길몽도 꿈속의 일이라네.
꿈 깨는 것이 기도요, 참선이다.

가슴으로 우는 새는 소리가 없다

1장

1
모정 단절

　천지는 불인不仁이다. 천지는 스스로 그러할 뿐 어질지도 않고 악하지도 않다. 그래서 불연不然(그렇지 않음)이 대연大然(크게 그러함)이라 하지 않았던가. 이것이 자연自然이다. 하는 바 없이 스스로 그러하게 하는 것이 천지와 더불어 사는 도인의 삶이다.

　황벽희운 선사가 천여 대중을 거느리고 황벽산에 주석하고 있었다. 그때 노모가 의지할 곳이 없어 아들을 찾아왔다. 선사가 그 말을 듣고서 대중들에게 명령을 내려 물 한 모금도 주지 못하게 하였다. 노모는 하도 기가 막혀 아무 말도 못 하고 돌아가다가 강가에서 배가 고파 엎어져 죽었다.
　그런데 그날 밤 희운 선사에게서 현몽하여 말하기를, "내가 너에게서 물 한 모금이라도 얻어먹었던들, 다생으로 내려오던 모자의 정을 끊지 못해서 지옥에 떨어졌을 것이다. 그러나 너에게 쫓겨나올 때 너무 억울한 마음에 모자간의 깊은 애정이 다 끊어졌다. 그 공덕으로 죽어 천상으로 가게 되니 너의 은혜는 말로 다할 수가 없구나."라고 하였다.

그리고 절을 하고서 떠나갔다고 한다.

집에 계신 노모가 생각난다. 이전에는 가끔 전화해서 안부도 묻더니, 이제는 기력이 쇠하시어 전화도 못 하신다. 그때 전화해서 늘 나누는 대화가 대충 이렇다.

전화벨이 울린다.

목소리 가다듬어 "예~" 하면

다짜고짜 "애미다." 하신다.

"평안하십니까?"

"스님, 뭐하시노?"

"공부하고 있습니다."

"아직도 공부 덜 했나."

"부처가 되려면 계속 공부해야 됩니다."

"니 혼자 부처 되면 뭐하노."

"만중생 제도해야지요."

"한 중생도 제도 못 하면서 무슨 만중생을 제도할 끼고. 한 중생 다 죽고 난 뒤에 제도해라."

"제도해도 제도된 바가 없답니다. 어머니 스스로 잘 제도하고 계시네요. 그만 끊으소."

"우야든지 몸조심해라."

젊어서는 급한 마음에 어서 빨리 견성해서 부모 형제에게 안심입명安

心立命의 소식을 전해드린다고 큰소리쳤지만, 세월이 많이 흘렀는데도 아직 기쁜 소식은 선방을 맴돌고 있다. 자식은 부모를 떠날 마음이 있지만, 천하의 부모는 자식을 버릴 마음이 없다. 출가하여 도를 이루지 못하면 속가, 출가, 국가의 삼가에 죄를 지음이다.

하나 된 두 아픔이 진정한 자비이다.

칠불암 백중법회 법문 중에서.

2
모든 바람은 지나가는데

시월의 달빛이 고요히 내려앉고
쌀쌀한 바람 종종걸음으로 다가와
낙엽 떨어지는 소리에 옷깃 여민다.

세월은 이렇게 오고 또 가고
안거란 편히 머무는 것이라면
세상에 누가 있어 제대로
안거하고 있는가.

다 벗은 나목의 회한으로
이 한 겨울을
화두 하나 눈썹에 걸고
꿈에라도 도솔천을 오르내린다.

모든 바람은 지나가는 것인데

맨날 회오리바람으로 만나는 너이고 보면
너란 경계가
늘 사랑으로 내키지 않더라도
보살은 모든 경계를
사랑하고야 말 것이다.

세상에 사랑하지 않는 생명이
하나도 없기를 기도한다.

안거의 벽두에 바람과 함께 앉아
은산의 철벽을 오가며
생명 사랑 섬김의 화두란 망상을
되씹는다.

부디 지나가는 바람을 부여잡고 울고 웃지 말라.

계사년 동안거 이틀째 날 달빛 좋은 은해사 기기암선원에서 不二사문.

3
내려놓아라(放下着)

엄양 존자가 조주 선사에게 물었다.
"한 물건도 없는 경우에는 어떻게 해야 합니까?"

조주 선사 대답하였다.
"내려놓아라(放下着)."

엄양 존자가 다시 물었다.
"한 물건도 없는데 무엇을 내려놓으라는 말입니까?"

조주 선사 왈
"그렇다면 들고 있게(着得去)."

엄양 존자가 바로 깨달음을 얻고는 세 번 절을 하고 물러났다.

평지에 풍파로다.

본래 한 물건도 없는데 무엇을 내려놓고, 무엇을 들고 있겠는가.

내려놓았다는 마음도, 들고 있다는 마음도 모두 분별망념이다.

일체를 다 내려놓아라.

내려놓았다는 그것마저 내려놓아라.

그러면 내려놓음에도, 들고 있음에도 자재할 것이다.

그런데 어찌하랴.

누가 주지도 않는 무거운 짐을 지고 낑낑거리며 살아가고 있는 우리 삼촌 이모들 어찌하나. 내려놓아라. 일체의 생각을 깡그리 내려놓아라.

몸도 마음도 업식마저 내려놓고 뒤도 돌아보지 말라.

한산사 선유안심법회에서.

4
중노릇

출가한 지 얼마 되지 않아 은사 스님께서 행자들을 모아놓고 이렇게 말씀하셨다.

"출가를 결심한 사람은 만약 누가 묻기를 '시장 할래? 중노릇 할래?' 하면 '중노릇 하겠습니다.' 하고 '도지사 할래? 중노릇 할래?' 하면 '중노릇 하겠습니다.' 한다. '대통령 할래? 중노릇 할래?' 해도 '중노릇 하겠습니다.' 한다. '세계를 다 줄 테니 가질래? 중노릇 할래?' 해도 '중노릇 하겠습니다.'라고 답한다. 이런 정도의 사람이라야 제대로 중노릇 할 수 있다."

그날 이후 지금까지 중노릇 하면서 이 말을 걸망 속에 꼭꼭 숨겨 다녔다.

요임금이 천자의 자리를 물려주고자 허유를 찾아갔다.

"태양이 떴는데도 아직 횃불을 끄지 않는 것은 헛된 일이오. 선생 같은 현자가 있는데 덕 없는 내가 임금 자리를 차지하고 있는 것은 옳지 않소. 청컨대 천자의 자리를 맡아주시오."

허유가 한사코 사양하며 말했다.

"뱁새는 넓은 숲속에 집을 짓고 살지만 나뭇가지 몇 개면 충분하고, 두더지는 황하의 물을 마시지만 배만 차면 그것으로 족합니다. 포인(음식 만드는 사람)이 제사음식을 만들지 않는다고 해서 시축(제사를 주관하는 제주)이 부엌으로 들어가지는 않는 법입니다."

허유는 요임금을 피해 기산으로 들어가 숨었다. 요임금은 다시 그를 찾아가 구주九州의 왕이라도 맡아달라고 간청했다. 허유는 일언지하에 거절했다. 세상의 권세와 재물에 욕심이 없던 허유는 그런 말을 들은 자신의 귀가 더러워졌다고 여기고 흐르는 영천 강물에 귀를 씻었다.

때마침 소를 몰고 지나가던 소부가 이 모습을 보고 허유에게 물었다.

"왜 강물에 귀를 씻고 계시오?"

"요임금이 나를 찾아와 천하를 맡아달라고 하지 않겠소. 이 말을 들은 내 귀가 더럽혀졌을까 하여 씻는 중이오."

이 말을 들은 소부는 큰 소리로 껄껄 웃으며 허유를 나무랐다.

"당신이 숨어 산다는 소문이 퍼졌으니 그런 구질구질한 말을 듣는 게 아니오. 모름지기 은자란 애당초부터 은자라는 이름조차 밖으로 드러나게 해서는 안 되는 법이오. 한데 당신은 은자라는 이름을 은근히 퍼뜨려 명성을 얻고자 한 것 아닙니까?"

소부는 소를 몰고 강물을 거슬러 올라갔다.

"소부 선생, 소에게 물은 안 먹이고 어딜 올라가시오?"

"그대가 귀를 씻은 오염된 물을 소에게 먹일 수는 없는 노릇 아니오.

그래서 강 상류로 올라가는 것이라오."

　천자의 자리를 자식이 아닌 최고의 현자에게 물려주려 했던 요임금, 요임금의 제의를 듣고 귀가 더러워졌다고 강물에 귀를 씻은 허유, 은자라는 명예마저 꾸짖고 소에게 귀 씻은 물 먹이기를 거부했던 소부.
　출가 수행자는 모름지기 이러한 기개에서 출발해야 한다. 아니 이런 기상마저도 넘어서야 진정한 출가자라 할 수 있다. 세상의 부귀와 지위, 명예와 이익으로부터 초연해야 한다. 세상을 품는 유가의 선비도 이러할진대 하물며 부모 형제를 떠나 일대사를 궁구하겠다는 사문의 길이야 더 이상 말할 나위가 없다. 설사 누더기 한 벌에 깨진 발우 하나일지언정 생사해탈과 요익중생을 온몸으로 부딪혀 향상일로向上一路 하는 것이 납자이다. 출가 납자여. 부디 무상대도에 소요하며 애민 중생으로 수수垂手하자.

　금력과 애욕에 외눈 깜작하지 않음이 출가자이다. 같이 행자생활 하고 함께 중노릇 시작한 그 많던 도반들 다 어디로 갔나. 눈먼 자식이 효자 노릇하고 굽은 소나무가 선산 지킨다는 옛말이 그른 말이 아닌 듯싶다.

　　　　　　　　　　　　　　　　　벽송선회 입재식 인사말 중에서.

5
개망초

단 한 번도 꽃으로 불리며
담장 안에서 피어본 적이 없다.
단 한순간도 꽃다발로 장식되어
누구의 품에 안겨본 일도 없다.

이 땅에 뿌리내리던 날부터
누굴 망하게 한 일도 없이
이 개같이 망할 놈의 풀이란
누명을 쓰고 살아온 너는
애당초 망초꽃으로 불려지는
꿈을 꾸지 않았다.

간절한 떨림으로 피운
자존의 꽃 개망초여.

빈 땅 어디인들 마다않고
땡볕에 온몸을 내맡겨
베이고 뽑히는 좌절에도
절망하지 않고 일어나
언녕* 화국花國을 이루었구나.

빛을 잃지 않는 별처럼
꽃망울마다 지심至心을 담아
담담한 향기 꽃 잔치로
세상의 민초들을 위해
다함없는 회향을 하는가.

희고 작은 개망초의 기도가
화해의 꽃말을 여는 순간
모든 풀들은 경계를 허물고
뻐꾸기마저 둥지를 틀게 하는
공생共生의 장이 이루어진다.

풀들의 향연이 파하는 날
두 해의 짧은 생을 반조하며
화려한 다음 생을 향해

홀씨로 흩날리기 전
너의 꽃술에 입 맞춘
모든 풀벌레들을 사랑하며
개 같은 망초인생도 아름다웠노라고
유언처럼 되새길 것이다.

유월의 장마가 시작된 날, 들깨 모종운력을 끝내고 잠깐 쉬는 사이 빗줄기 속에서 흐드러지게 피어 있는 개망초를 바라보며, 우리 인생을 반추하며 휘갈긴 산승의 넋두리를 인연대중들께 보내오니 잠시의 휴식이 되었으면 한다.

운수산 한산사 용성선원 안거 중에.

* 언녕: 경주지방 방언, 진작.

6
산에 들어가

산에 들어가

돌부리 사이 홀로 흐르는

개울물 소리로 살고 싶다.

솔바람 스칠까 가슴 두근거리며.

산에 들어가

일렁이는 달빛 속

소쩍새 우는 소리로 살고 싶다.

가슴으로 우는 새는 소리가 없기에.

산에 들어가

첫새벽 아무도 몰래

꽃 피는 소리로 살고 싶다.

노을 같은 빠알간 아픔으로.

산이 좋아 산에 들어
수정 같은 영혼으로
풀잎에 이슬처럼 살고 싶다.
별빛 함초롬히 머금은 이슬처럼.

내 사랑 멍든 날
삼백육십 일 하고 오 일.
눈썹달 고운 님
수묵처럼 그리며
소리 없이 산에 살고 싶다.

칠불암에서 홀로 공부할 때가 있었다. 학교공부도 팽개치고 무슨 큰 공부 한답시고 생식으로 일종식을 하며 부엌에 군불 지피며 새카맣게 씻지도 않고 마냥 주접을 떨었다. 많은 세월이 지난 지금 오히려 그 시절이 그립다. 그때 쓴 망상의 엽서 한 장을 꺼내 띄운다.

7 청빈가풍

아무것도 놓을 수 없는 것이 범부이다. 몸도 내려놓고, 마음도 내려놓고, 업식마저도 내려놓아버린 자가 진정한 수행자이다.

白雲買了賣淸風　백운매료매청풍
散盡家私徹骨窮　산진가사철골궁
留得數間茅草屋　유득수간모초옥
臨別付與丙丁童　임별부여병정동

흰 구름 모두 사려 맑은 바람 팔았더니
집안살림 다 흩어져 뼛골까지 가난하네.
한 채의 초가집만 겨우 남겨두었더니
이 길 떠나면서 그 집마저 불에 던지노라.

원나라 때 석옥청공石屋靑珙 화상의 「사세송辭世頌」이다. 출격장부의 무애탕탕한 살림살이가 엿보인다. 일체의 번뇌 망념 다 떨쳐버린 본분소식을 드러낸 본색종사의 가풍이다. 뼛골까지 사무치는 가난을 맛보지 않고 어떻게 생사를 돈망할 수 있겠는가. 무여열반이 반열반이로다.

본래 출가인은 청빈가풍으로 살아가야 한다. 오늘 우리들은 청빈하고는 담을 쌓고 살아가고 있다. 누가 뭐래도 결국 도 닦는 일은 가난 가운데서 이루어져야 한다. 그래서 무소유를 말한다. 무소유란 아무것도 안 가지는 것이 아니라 꼭 필요한 것만 가지는 것이라고 말했다. 맑은 가난이 청빈이 아니더냐. 모든 것이 풍족한 이 시대에 맑은 가난 하나쯤 가슴에 꼭 품은 수행자이고 싶다.

출가자에게 가난이란 일체 망념을 떨쳐버림이다. 선禪의 맛은 단순명쾌함에 있다. 마음을 비우지 못하면 모든 경계가 어지럽다. 경계를 두지 않음이 진정한 가난이다. 가난하지 않고서는 도를 이루기 어렵다.

그대 값을 모를까 봐 한산의 맑은 바람 팔 수가 없구나.

8
선탈

참나리 붉은 입술에
감실감실 익어가는 여름.
숨바꼭질 화두놀이에
안거는 짙어가고
솔바람 스침에
졸고 있는 납승.
선창을 두드리는 매미소리에
화들짝 놀라 깨어난다.
칠 년을 기다려
칠 일을 산다 해도
꿈엔들 선탈蟬脫의 노래를
불러 마다하리오.
선자禪者여.
그대 어느 시절에
나고 죽음의 허물마저
벗어버리겠는가.

무더운 한여름 해제를 얼마 남겨놓지 않고 보내주신 정성과 인연에 감사드리며 유연·무연 모든 분들께 이 글을 전한다. 아울러 이 글은 전등회 도반이자 시인인 수완 대사께서 보낸 시 「선탈」을 읽고 격동되어 나름 감상을 적어본 글임을 밝힌다.

어느 여름 기기암 선원에서.

* 선탈蟬脫: 매미가 허물을 벗음.
* 선탈禪脫: 참선하여 생사를 해탈함.

9
칠불암에서

재칠불암
在七佛庵

金鰲雲上燕窩庵　금오운상연와암
七佛出巖千年笑　칠불출암천년소
曉月與鹿汲泉水　효월여조급천수
童僧未寤想母懷　동승미오상모회

칠불암에서

금오산 구름 위 제비집 암자 하나.
바위 속 일곱 부처 천년 미소를 짓는다.
새끼노루 새벽달과 함께 샘물을 긷는데
동승은 아직 꿈속에서 어미 품 그리네.

어린 시절에 칠불암에서 거의 일 년 가까이 혼자서 지낸 적이 있다. 새벽에 일어나 홀로 도량석 하고 예불 드리는 것이 마냥 즐겁던 시절이다. 말뚝신심이라더니, 기도에 하루해가 짧았고, 경을 봄에 밤이 정겨운 호시절이었다. 노천법당에 서서 관세음을 부르면 나무 위의 새도, 불어오는 바람도, 흘러가는 구름마저도 관세음을 따라 부른다. 자세히 보니 바위에 부처를 새긴 것이 아니고, 바위에서 부처가 막 나온 것같이 미소가 생생하였다.

새벽에 일어나 우물에 청수淸水 길러 가면 가끔 밝은 달빛 아래 새끼 노루 한 마리 샘물 마시다 놀라 달아난다. 동화 같은 정경을 떠올리면 지금도 입가에 미소가 번진다.

칠불암에 와서 그때를 회상하며 글 한 편 적어 상좌들에게 보낸다.

봄날 칠불암 대안당에서 은사가.

10
새벽에 홀로 앉아

해亥시에 잠을 자고
인寅시에 일어남이
어찌 천지天地만의 일이겠는가.
일찍 자니 번뇌가 한가롭고
일찍 일어나니 망념을 둘 곳 없네.

이 새벽에 홀로 앉아
몸 가볍고 마음 편안해
비어 고요하니 이대로 삼매로다.
누가 더불어 하겠는가.
새벽에 피는 연꽃처럼
고요한 가운데 깨어 있음을.

한 잔 차로 빈속을 달래 보니
선열의 고요함과 차향의 청아함이

하나로 어우러진 다향선미茶香禪味가
지금 여기 새벽을 깨운다.

낙엽 하나가 바람에 뒹굴어 온몸으로 가을을 재촉한다. 다 벗어버린 나목의 충만함으로 동안거를 채비하며 한 잔의 국화차를 우려내어 한산의 푸른 하늘을 담아 연모하는 단월 님께 바람 실어 고이 보낸다. 곁들여 한재 이목 선생의 심다일여心茶一如의 시 한 수를 함께 보내오니 향초香初로 드시옵소서.

내가 세상을 살아감에
풍파가 모질기도 하여라.
일찍이 양생에 뜻을 두었을진대
너를 버리고 무엇을 구하리오.
나는 너를 지녀 마시며
너는 나를 좇아 노니나니
꽃이 피는 아침
달이 뜨는 저녁
너를 즐겨 싫어함이 없어라.
싱그러움이 기운을 움직여

묘한 경지에 들게 하니

즐거움은 도모하지

아니해도 절로 이르네.

이것이 바로 내 마음의 차일지니

또 어찌 다른 곳에서 구하리오.

- 한재 이목 -

도모해서 얻어지는 즐거움은 진정한 즐거움이 아니다. 마음 하나 잘 다스림이 수행이다. 팔만대장경을 한 글자로 표현하면 마음 심心 자라고 한다. 마음 다스림을 넘어 마음 없음(無心)을 요달함이 선禪이다.

한산에서 초명사문 월암이 부치다.

11
한낮의 꿈

아이가 노인 되고 노인이 아이 된다. 흰 구름 오락가락해도 청산은 그대로이다. 물이 그 모양은 바뀌어도 항상 젖는 습성은 버리지 않는구나.

오일몽
午日夢

童僧春梅香　동승춘매향
老僧秋菊霜　노승추국상
恨歎午日夢　한탄오일몽
童老一春秋　동로일춘추

한낮의 꿈

봄날 매화 향기에 동자승이더니
가을 국화 서리에 노승이 되었네.

한스럽다. 한낮의 꿈이여.
아이와 늙음이 한 해 봄가을인 것을.

십 대 사미승인 것이 엊그제 같은데 벌써 초로의 노승이 되었다. 돌이켜 보니 아무것도 한 일이 없다. 옛날 말에 철들자 노망이라더니, 이제 공부 좀 하려고 하니 몸이 말을 듣지 않는다. 세월이 화살인 줄 일찍이 깨달아야 했었는데 돌이킬 수 없음이 세월이다. 늦었다고 아는 순간이 가장 빠르다고 한 말을 핑계 삼아 죽었다 생각하고 공부해야 한다. 어느 날 나이를 생각하다 깜짝 놀라 고시를 흉내 낸 글이다. 동업의 인연들께서도 분발하고 진중하심이 어떠할는지요.

한산납자가.

12
동지사설

문수가 무착에게 물었다. "어디서 왔는가?"

무착이 답했다. "남방에서 왔습니다."

문수가 물었다. "남방의 불법은 어느 정도인가?"

무착이 답했다. "말법의 비구들이 그저 약간의 계율을 지키는 정도입니다."

문수가 물었다. "(한 절에 머무는) 대중은 얼마나 되는가?"

무착이 답했다. "300명 또는 500명 정도입니다."

무착이 문수에게 물었다. "이곳(오대산의 불법)은 어느 정도입니까?"

문수가 답했다. "용과 뱀이 섞여 있고(龍蛇混雜), 범부와 성인이 동거하고 있다네(聖凡同居)."

무착이 물었다. "(한 절에 머무는) 대중은 얼마나 됩니까?"

문수가 말했다. "전삼삼 후삼삼 前三三 後三三."

오대산 대중이 전삼삼 후삼삼이라. 과연 얼마인가. 어디 한번 말해보소. 생각으로 헤아리면 십만 팔천 리다. 한 생각 끊어져야 고개를 끄떡일 것이다.

문수는 오대산에 화현한 문수보살이요, 무착은 당조의 무착문희 선사다. 무착 스님이 절강성 항주에서 문수보살을 친견하기 위해 삼보일배로 몇 년이 걸려 오대산에 당도했다. 이 이야기는 행색이 허름한 늙은 문수보살을 만나 나눈 대화이다.

눈앞에 두고 문수를 찾아 헤맨 꼴이다. 무착이 분발하여 도를 깨닫고 난 뒤에 전좌소임을 보며 동짓날 팥죽을 끓이고 있는데, 팥죽이 끓고 있는 큰 가마솥의 김이 무럭무럭 나는 가운데 끓어오르는 거품마다 문수보살의 얼굴이 나타났다. 그때 무착이 가지고 있던 주걱을 가지고 문수의 뺨을 후려치며 "문수는 자문수自文殊요, 무착은 자무착自無着이다."라고 고함을 질렀다. 그렇게 찾아 헤매던 문수보살이 눈앞에 현신하였는데 정작 무착은 "문수는 문수일 뿐이요, 무착은 무착일 따름이네. 필경에 안과 밖이 다르지 않거늘, 어떤 것이 죽 위에 나타내는 도리인가."라고 했다.

이때 문수보살이 답하기를, "쓴 오이는 뿌리까지 쓰고, 단 참외는 꼭지까지 달구나. 삼아승지겁 동안 수행하여, 노승의 꾸지람을 물리치는구나."라고 하였다.

죽 위에 보여주심이 무어 그리 기특한가.

그대 마음 지혜로 빛나 지금 알아차리는

그것이 문수가 아닌가.

문수는 자문수요, 무착은 자무착의 도리에 계합하셨다면 상동지요, 일심염불 관세음보살만 불렀다면 중동지요, 그저 팥죽 한 그릇 먹었다면 하동지이다. 인자는 과연 어느 동지 팥죽을 드셨나요? 산승은 새알 없는 팥죽 한 그릇 텅텅 비웠다. 청안하소서.

정유년 동지에 한산노인이.

13
천만 겁이 지나도

歷千劫而不古　역천겁이불고
亘萬歲而長今　긍만세이장금
多經海岳相遷　다경해악상천
幾見風雲變態　기견풍운변태

천만 겁이 지나도 옛이 아니요,
만세를 이어가도 항상 지금이다.
많은 세월 동안 바다와 산악이
서로 수없이 바뀜을 겪었으니
풍운의 변하는 모습을
몇 번이나 보았던가?

- 함허득통 -

나는 어렸을 때부터 아무 의미도 모르면서 사람은 어디서 왔다가 어디로 가는가 하고 혼자 끙끙거리기를 자주 했다. 특히나 사람이 죽는다는 것에 대한 두려움이 남다르게 많았다. 그래서 어린 나이에 출가했는지는 모르겠지만 아무튼 무엇인지도 잘 모르면서 죽음의 문제는 일찍이 나의 근본화두가 되어 있었다.

　절집에 들어오고 많은 세월이 지나고서 어느 날『금강경오가해』를 얻어 볼 기회가 있었는데, 함허 선사가 설한 위의 게송 "천겁을 지나도 옛이 아니요, 만세의 세월이 흘러가도 늘 지금이다."라는 구절에 이르러 머리에 번개 맞은 듯 번쩍하고는 죽음에 대한 생각이 가벼워지고 마치 부처님 품 안에 있는 것같이 편안함을 느꼈다. 조선 초기의 삶을 살다 가신 함허 노스님의 은혜에 향 피워 절한다.

　그런데 기쁜 나머지 조사의 깊은 뜻을 헤아리지도 않고 뒤의 두 구절을 멋대로 바꿔보았다. 노스님께 삼십 방 맞을 요량이다.

歷千劫而不古　역천겁이불고
亘萬歲而長今　긍만세이장금
寧可世世無間　영가세세무간
何摧侍生一片　하최시생일편

천만 겁이 지나도 옛이 아니요,

만세를 이어가도 항상 지금이다.
차라리 날 때마다 무간지옥일지라도
님(중생) 섬기는 일편심 어찌 꺾어지리.

나고 죽음이 일대사이다. 일대사를 해결함이 사문의 본분사이다. 임시방편으로 힐링을 통해 마음을 치유함도 중요한 일이지만, 이것은 어쩌면 언 발에 오줌 누는 격이라, 나고 죽음으로부터 자유하는 것이 최고의 가르침이다. 생사해탈이 참선의 효용이다.

가을 벽송사 선회를 마치고 한가로운 여가에, 선회에 함께한 대중들께 보낸다.

14
동안거를 시작하며

백두대간 한산마루에
고추 배추 무 심어
일찌감치 김장해 묻고
한산의 밝은 달빛 팔아
햅쌀 서너 말 들여오고
한산의 맑은 바람 팔아
찬거리 몇 가지 장만하니
공양간 삼동 살림살이
이만하면 남부럽지 않네.
더불어 오늘 안거 벽두에
티 없는 하늘 한 뼘과
말 없는 산빛 한 줌을
모아 은혜 깊은 님들께
축원 실어 보내오니
부디 강녕하시고
보리마음 밝히소서.

모든 사람은 안거하기를 바란다. 그러나 모든 사람이 다 안거하는 것은 아니다. 안이비설신의 육근이 색성향미촉법을 상대함에 흔들림 없음이 안거이다. 있는 그 자리에서 안거하자.

동안거를 시작하며 한산에서 不二子가 띄우다.

15
꿈인 줄 알고

꿈꾸며 사는 인생, 오늘도 내일도 꿈꾸며 산다. 지나온 어제가 기억의 꿈이 되고 살아갈 내일이 기대의 꿈이 된다. 오늘 지금 여기서 역시 꿈을 꾸고 있다. 꿈인 줄 알고 꿈꾸니 향기로운 꿈이로다.

夢爲神龜壽三千　몽위신구수삼천
始知人生石火爍　시지인생석화삭*
開眼被蒙南柯郡　개안피몽남가군
蜉蝣竿頭無生歌　부유*간두무생가

꿈에 신이한 거북이 되어 삼천 년을 살았더니
비로소 인생살이가 잠시 순간임을 알았네.
한바탕 덧없는 꿈에 휘둘렸다 깨어나니
하루살이 장대 끝에서 무생을 노래하네.

꿈속에서 꿈을 꾸는 것이 인생살이다.

악몽 꾸지 않고 길몽 꾸게 해달라고 비는 것을 기도라 하지 말라.

악몽도 길몽도 꿈속의 일이라네. 꿈 깨는 것이 기도요, 참선이다.

가을 기기암에서.

---

* 석화삭石火爍: 부싯돌이 번쩍함.
* 부유蜉蝣: 하루살이.

16
무문관을 나오며

　산승은 폐관안거를 마치고 오늘 문을 열고 나왔다. 호념해주시는 은혜에 보답하는 길은 확철대오의 소식이겠지만, 시은만 축낸 호구승이 되고 보니 두려운 마음이 앞선다. 공문空門에 들어온 지 산야가 다섯 번이나 바뀌었는데 아직 안심입명처를 개시하지 못해 마냥 한스럽기만 하다. 옛말에 한 자식이 출가하면 구족이 승천한다고 하였는데 못난 자손으로 인해 오히려 구족이 구천을 떠돌 것 같은 죄책감이 무겁기만 하다.

　원효 대사는 『발심수행장』에서 "해와 해가 옮겨가(年年移移) 잠시 동안에 죽음의 문에 이르렀다(暫到死門)."고 경책하고 있다. 이제 막다른 절벽에 이르러 더 물러설 수 없는 현애살수(懸崖撒水: 천 길 절벽에서 손을 뿌리침)의 심정으로 무문관無門關에 들었건만, 속절없이 세월만 죽이고 겨우 터득한 것이 무문관이 문을 잠그는 모양에 있는 것이 아니라, 보고 듣고 느끼고 아는(見聞覺知) 바가 없는 그곳이 진정한 무문인 것을 알았다. 누구나 있는 그 자리에서 눈을 닫아 보는 바가 없고, 귀를 닫아 듣는 바가 없으며, 뜻을 닫아 생각하는 바가 없음이 무문인 것이다.

지난 삼동 좁은 세 평 방 안에서 반조하고 화두하며 매 순간 깨어 있고 모든 생명 부처로 섬김을 다잡았지만 아직도 천지현격天地懸隔이다. 홀로 적막한 가운데 되새긴 망상 한 줌 보내드리니 가납해주시길 앙망한다.

閉關六門無事衲　폐관육문무사납
盲聾啞然過三冬　맹농아연과삼동
獨坐冥然雪山境　독좌명연설산경
只麽看風聽月明　지마간풍청월명

육근문에 빗장 걸어 일 없는 납자
눈멀고 귀 멀고 벙어리 되어
삼동 안거 겨울을 보낸다.
홀로 앉아 설산의 경계와 하나 되어
다만 바람소리 보고 달빛 들을 뿐이네.

한 생각 일어남으로부터 중생살림살이가 시작된다.
생각 이전 자리에 앉아라. 생각 이전 자리에 앉음이 무문관이다.
생각 이전 자리란 생각하되 생각하지 않는 것(念而不念)이다.

생각하되 생각하지 않음이란 한 생각 일으키되 그 생각이 공空함을 알아서 생각 따라 분별하지 않는 것이다.

정월 열하루 날 백담사 무문관에서 나와 띠우다.

17 친절

이 세상에서 가장 좋은 절은 친절이요, 가장 안 좋은 절은 불친절이다.

칠불암은 최고의 친절이다. 칠불암에 사는 스님은 언제나 변함없이 지나가는 누구에게나 같은 말을 친절하게 반복한다.

"안녕하세요!"

"차 드세요!"

"공양 드세요!"

그래서 이 말이 염불이 되고 진언이 되어버렸다. 칠불암에서는 법당에서 법문도 하고 밥도 먹는다. 그리고 매일 법문을 하는데 법문할 땐 몇 안 되다가, 밥 먹을 때는 어디서 나타났는지 많은 사람들이 우르르 방으로 들어온다. 그래서 법문보다는 밥문이 더 수승하다고 말한다.

친절에는 두 가지가 있다. 안의 친절과 밖의 친절이다. 수행자가 안으로 간절하게 본분 일대사에 사무치는 것이 안의 친절이요, 모든 생명을 부처님으로 섬기는 것이 밖의 친절이다. 견성성불見性成佛이 안의 친절이요, 요익중생饒益衆生이 밖의 친절이다. 한국불교가 회생하기 위해서는 친절이 묘약이다.

진정한 친절은 무분별에서 나온다. 한국불교에서 포교의 지름길은 오직 친절이다. 모든 출가자와 재가자가 순도 100%의 친절행으로 돌아가면 불법이 저절로 선양될 것이다. 친절이 수행이다.

칠불암 초하루 법회에서.

18
소가 되어

제자가 선사에게 여쭈었다.
"수행하여 깨달아 마친 이는 어떻게 해야 합니까?"
답하기를, "마을로 내려가 소가 되어라."
또 물었다. "그럼 아직 깨닫지 못한 수행자는 어떻게 해야 합니까?"
"절집의 소가 되어라."

옛날 불교가 흥했던 시절에는 소를 도살하게 되면 절집으로 데려와 염불하고 재를 올려주어서, 농경에 힘쓴 노고를 치하하고 왕생극락을 기원하는 의식을 베풀어주었다. 아무리 병들고 노쇠한 소일망정 죽음을 즐거워할 짐승은 없다. 그러니 절집의 소란 며칠 후면 죽게 되는 절체절명의 순간에 놓인 상태를 말함이다.

절집의 소가 되라고 하는 것은 평생 주인을 위해 희생하고 마지막 죽음을 향해 떠나야 하는 소의 심정으로, 수행자 또한 생의 끝자락에 열반당에 들어 생사해탈을 위해 목숨을 돌보지 않고 용맹정진 함을 가리킨다. 즉 죽음과 독대해서 공부하라는 뜻이다.

그러면 용맹정진으로 생사를 초탈한 도인은 어떤 모습으로 살아가야 할까? 만중생을 위해 저자거리로 들어가 두 손을 늘어뜨려(入廛垂手) 자비를 실천해야 한다. 마을의 소란 중생을 위해 육도만행을 행하는 보살을 가리킨다. 나 혼자만의 깨달음에 안주하는 것이 아니라, 그 깨달음을 널리 중생을 위해 회향하는 수행자야말로 깨달음을 실체화하지 않는 참된 보살행을 실천하는 자일 것이다.

대승불교에서 보면 절집의 소가 되란 말은 상구보리 하라는 것이며, 마을의 소가 되란 것은 하화중생 하라는 가르침이다. 생사를 묻지 말고 깨달음을 구하라. 그리고 널리 일체 중생을 이롭게 하는 것이 대승 보살의 실천행이다.

필경 절집의 소와 마을의 소가 둘이 아니기에 자비와 지혜를 겸수하는 것(悲智雙運)이 납자의 본분이다.

소를 타고 소를 찾는 나그네여. 소도 잊고 사람도 잊어 일상으로 돌아감이 목우행牧牛行이라지만, 차라리 한 마리 소가 되어 밭 갈고 짐 나름이 천연 보살행이로다.

가을 한산사에서 행자들에게.

19
도에 나아가는 것

좋은 사람 좋아하고, 미운 사람 미워하며 사는 것이 범부이다. 좋은 사람 좋아하지 않고 미운 사람 미워하지 않는 것이 행자이다. 좋은 사람도 미운 사람도 없는 것이 부처이다.

승찬 대사의 『신심명』에 일렀다.

  至道無難 지도무난
  唯嫌揀擇 유혐간택
  但莫憎愛 단막증애
  洞然明白 통연명백

도에 나아가는 것은 어렵지 않다.
오직 분별심을 떨쳐버리고
다만 사랑과 미움만 놓아버리면
툭 트이어 명백하리라.

그렇다. 좋아하는 마음도 내려놓고, 미워하는 마음도 내려놓을 때 진정한 사랑이 나온다. 내 마음에 든다, 내 마음에 들지 않는다는 분별의 간택심만 떨쳐버린다면 삶이 한층 가벼워질 것이다. 온갖 잡동사니 쓰레기통을 일시에 던져버리고 '텅 빈 충만'으로 행복의 물결이 출렁이게 하자.

사랑도 미움도 한바탕 꿈인 것을. 아등바등 기운 소진하지 말라.
도에 있으면서 어찌 도를 돌이키지 않는가. 평상심이 도다.
멀리 안휘성 잠산에 위치한 승찬 대사의 행화도량인 삼조사를 참배하고 북경 천진불자들께 마음으로 띄운다.

여름 어느 날 행각 중에.

20
죽음에 이르나니

천겁을 살아와도 그 때이고, 만겁을 살아가도 항상 그 자리이다. 그 때 그 자리에서 한 발짝도 움직인 적이 없으니 시간이란 그림자 본래 없더라.

> 시간 시간 옮겨가서 낮과 밤 하루가 빨리 지나가네.
> 날과 날이 옮겨가서 보름 그믐 한 달이 빠르기도 하다.
> 달과 달이 옮겨가서 문득 한 해가 닥쳐오네.
> 해와 해가 옮겨가서 어느덧 죽음에 이르나니.

원효 대사의 『발심수행장』에 나오는 내용이다. 어느 날 문득 거울 속을 들여다보니 웬 영감님 한 분이 앉아 계신다. 깜짝 놀라 자세히 보니 산승의 모습이 아닌가. 파릇파릇하던 청춘이 엊그제 같은데 어느덧 할아버지가 되었다.

육십이 청춘이라 말하지만 해마다 달라지는 것이 너무나 명료한데 어찌 억지 춘향 노릇으로 가장할 수 있겠는가. 옛 조사들은 이삼십 대에 일대사를 해 마쳤건만 나는 어이하여 이 모양, 이 신세인가.

　고인은 지는 해를 보고 다리 뻗고 울었다는데 지금 사람 어이하여 눈앞에 오감만족에 빠져 세월 가는 줄 모르는가. 이제라도 분심을 돈발하여 본분사를 결택해야 한다. 시간이 얼마 남지 않았다. 염라대왕 밥값계산이 기다리고 있다. 마땅히 머문 바 없이 그 마음을 내야 한다.

　맹자가 말하기를, "오십구비五十九非"라고 했다. 예순이 되고 보니 쉰아홉 살 때까지 내가 옳다고 생각했던 것들이 옳지 않더라는 뜻이다. 이십 대에 보던 경전과 육십에 이르러 보는 경전의 깊이는 분명 다르다. 그때는 옳았는데 지금 생각해보니 분명 다르다. 나이가 도를 닦는 건지도 모르겠다.

　그런데 어쩌나. 철들자 망령이라더니 세월이 얼마 남지 않은 것을.

늙어 후회한들 이미 늦었구나.
후회하는 그때가 이른 때라고 말해주지 않았던가.

　　　　　　　　　　　　　　　　　　　　갑오년 가을 산철에.

21
참된 출가

출가란 욕망의 집을 떠나는 것이다. 구하는 것이 없는 수행자는 집 자체가 없기 때문에 집에 있음(재가)도 없고 집을 떠남(출가)도 없다. 수행함에 출가, 재가 따지지 말라.

서산 대사는 출가에 대해 이렇게 말하고 있다.

> 출가하여 스님이 되는 일이 어찌 작은 일이겠는가?
> 편안하고 한가함을 구하기 위함이 아니요,
> 따뜻한 옷과 잠자리와 배불리 먹기 위함이 아니요,
> 명예와 이익을 구함도 아니다.
> 생사를 벗어나기 위함이요, 번뇌를 끊기 위함이요,
> 부처님의 지혜를 잇기 위함이요,
> 삼계에서 벗어나 중생을 제도하기 위함이다.

참다운 출가란 무엇인가. 운서 주굉 스님은 출가에 사료간四了揀이 있다고 하였다.

첫째는 출가의 출가요, 둘째는 재가의 출가요, 셋째는 출가의 재가요, 넷째는 재가의 재가이다. 출가의 출가란 오욕의 집착을 벗어나 출가해서 생사를 해탈하고 중생을 제도하는 것이다. 재가의 출가란 몸은 비록 세속에 있지만 욕망과 집착을 벗어나 보리심에 머물러 생사와 해탈이 둘 아님을 체득하는 것이다. 출가의 재가란 비록 출가하였으나 탐진치를 벗어나지 못하고 생사의 업을 쌓아가는 것을 말한다. 재가의 재가란 삼보를 알지 못하고 영원히 생사 가운데 머물러 해탈을 구하지 않는 것을 말한다.

반산보적 선사가 대중에게 말했다.

"땅이 산을 받들고 있으되 산의 높고 낮은 것을 모르는 것 같고, 돌이 옥을 머금고 있으되 옥에 티 없음을 알지 못하는 것과 같으니 이와 같이 하면 참된 출가라 하리라."

몸만 출가한들 무슨 소용이 있겠는가. 마음이 출가하면 곳곳이 도량 아님이 없다. 심출가心出家가 진정한 출가이다.

한산사에서 행자들을 모아놓고 말하다.

22
본무생사本無生死

고덕이 말하기를, "무상이 신속한데(無常迅速) 생사의 일이 크다(生死事大)."라고 하였다. 우리 인생은 어디서 왔다가 어디로 가는가. 오되 온 곳을 모르니 태어남의 일이 크고, 가되 가는 곳을 모르니 죽음의 일이 크다.

사공본정 선사에게 어떤 사람이 물었다.

"사람이 태어날 때 어디서 왔다가 죽어서 어디로 갑니까?"

선사가 대답하였다.

"가령 사람이 꿈을 꿀 때 그 꿈이 어디서 왔다가 잠을 깬 뒤에는 어디로 가는가?"

"꿈을 꾸고 깰 때 꿈속에서는 실로 없다고 할 수도 없고, 깬 뒤에는 실로 있다고 할 수도 없어서, 있고 없고는 하지만 오고 가지는 않습니다."

"나의 이 몸도 꿈과 같다. 이 꿈이 어디서 왔다가 어디로 갔는가."

불생불멸不生不滅이라고 했다. 태어남도 없고 죽음도 없다. 마치 허공에 구름이 일어났다 사라지는 것과 같다. 허공은 오히려 그대로인데 구름이 일어났다 사라지는 것이니, 비록 있고 없음이 분명하지만 가는 곳도 오는 바도 없다.

나고 죽음이 본래 없는데 어찌 사람들은 생사의 고통 속에서 헤매고 있는가. 내가 진정으로 해야 할 일이 무엇인가? 알음알이로 헤아려 알 것이 아니라, 나고 죽음이 본래 없는 무생의 법인을 직접 체득해야 한다.

'본무생사本無生死!' 이것이 무슨 도리인가? 참구하고 또 참구하자.

실로 있음도 아니요(非有), 실로 없음도 아닌(非無) 이것이 무엇인가. 어디 한번 물어보자. 있는 것인가? 없는 것인가? 이 도리를 안 도인은 피리 불고 고향으로 돌아갔네. 행여나 오시려나. 뒤돌아보며 문 앞에서 기다리는 사문 있다네.

안거에 들어가며 입재법문으로 띄운다.

23
서호西湖에서

항주의 아름다운 호수 서호西湖에 왔다. 중국의 4대 미인 가운데 첫째로 꼽히는 서시西施의 미모에 비견된다 하여 서호라고 부른단다. 비 오는 날 서호에서 뱃놀이하며 읊은 소동파의 시를 음미해본다.

水光瀲灩晴方好   수광염렴청방호
山色空蒙雨亦奇   산색공몽우역기
欲把西湖比西子   욕파서호비서자
淡妝濃抹總相宜   담장농말총상의

물결이 반짝이고 출렁이는 맑은 날이 좋고
산빛 안개에 젖어 비 내리니 또한 빼어나네.
서호를 절세미인 서시에 비유코자 하니
단아한 모습, 짙은 화장 언제나 아름답구나.

고인이 서호의 비경에 감탄하여 이렇게 표현하였다.

"서호의 비경이라 하면, 맑은 날의 호수는 비 내리는 호수만 못하고, 비 내리는 호수는 달빛 어린 호수만 못하고, 달빛 어린 호수는 눈 내리는 호수만 못하니, … 이 세상에 산수의 절묘함을 느낀 자가 몇몇이더냐."

시절인연을 만나 눈 내리는 서호의 단교斷橋를 하염없이 걷고 싶다.

서호의 물가에 자리 잡은 정자사淨慈寺를 참배하였다. 정자사는 본래 영명사永明寺로서 법안종의 3대 조사 영명연수永明延壽가 행화하던 도량이다. 어느 날 어떤 스님이 찾아와 "어떤 것이 영명의 종지입니까?"라고 물었다. 이에 영명 선사가 게송으로 답하였다.

欲識永明旨　욕식영명지
西湖一湖水　서호일호수
日出光明生　일출광명생
風來波浪起　풍래파랑기

영명의 종지를 알고 싶은가.
서호의 호수물이라네.
해가 뜨면 반짝이고

바람 불면 출렁이네.

해가 뜨면 반짝이고, 바람 불면 출렁이는 영명의 종지를 전한다. 과연 그대의 종지는 무엇인가? 산은 높고, 바다는 깊다.

2014년 가을,
스님 몇 분과 재가불자 여러분을 모시고 중국 절강성으로 선종순례를 하던 중
서호에서 배를 타고 정자사를 참배하면서.

24
구경행복

서산에 해 지는 것을 보았고
동산에 달 뜨는 것마저 보았으니
일대사가 이 가운데 일이라.
이보다 더한 행복 어디에 있는가.

　행복은 거창하지 않고, 멀리 있는 것도 아니다. 또한 행복은 밖에서 오는 것도 아니고, 안에서 스스로 만드는 것이다. 아침에 꽃 피고 저녁에 달 뜨는 것을 볼 수 있는 이 행복을 버리고 더 큰 행복을 찾지 말라.
　생사가 일대사이다. 생사의 일은 하루의 일이요, 한 호흡의 일이요, 한 생각의 일이다. 한 생각을 돌이켜 생각 이전을 보고, 한 호흡을 살펴 호흡이 생긴 바 없음을 알고, 하루의 일을 챙겨 해 지고 달 뜨는 도리에 사무치면 일대사가 이 가운데 일이다. 하루의 일대사를 마쳐야 구경행복이다.

있는 그대로가 행복임을 아는 데 육십 년이 걸렸다.

가을 어느 날.

25
내일 모레

어제의 추억에 머물지 말고, 내일의 기대에 빠지지 말라. 지금 여기에 살아라. 지금 여기가 삶의 전부다. 내일 모레가 있다고 기다리지 말라.

削髮因驚雪滿刀　삭발인경설만도
方知歲月不相饒　방지세월불상요
逃生脫死勤成佛　도생탈사근성불
莫待明朝與後朝　막대명조여후조

삭발하다가 칼날 위에 흰 털이
수북한 것을 보고 새삼 놀라는 것은
세월이 얼마 남지 않았음을
비로소 알았기 때문이다.
부지런히 정진하여 생사를 해탈하고
성불을 하여야 하나니,

내일이 있고 또 모레가 있다고

마냥 기다리지 말라.

진정극문 선사의 게송이다. 삭도(면도칼) 위의 흰 눈이 세월을 일깨워준다. 까만 머리 어제 일인데, 어느 날 거울 속을 들여다보니 초라한 노승이 쳐다보고 있다. 깜짝 놀라 다시 보아도 산승의 모습이 분명하다. 견성의 길은 아직 먼데 염라노자 만날 날이 가까웠구나. 그래도 내일, 또 내일이 있다고 생각하고 있으니 한심하기 짝이 없다. 노력하고 또 노력할 일이다.

추운 겨울 어느 날 설두雪頭노인이 되어.

26
안거의 반 철을 지나

부처가 있는 곳엔 머물지 말고
부처가 없는 곳엔 서둘러 지나가라.

산문에 처음 들어올 때는
나는 나요, 너는 너였더니

이십 년 지나 문득 살펴보니
나는 너요, 너는 나이더라.

사십 년 지난 오늘 새벽
잠 깨어 보니 나는 너이지만
너는 분명 내가 아니구나.

여름이 비껴가는 한산에
새가 공중을 날아가듯
세월은 여실히 지나가는데

오늘 또 나는 너를 만난다.

반풍수 집안 망친다는 말이 있다. 반풍수가 된 지 오래되었다. 속가도 망치고 절집도 망치는 땡초가 멀리 있지 않더구나. 어찌 출가하여 온개, 반 개의 깨달음도 이루지 못하고 세월만 죽이고 시은만 축내고 있는가. 애꿎은 달빛만 쳐다본다.

을미년 하안거 반 철에 함께하는 불이가족의 청안과 지복을 빌며
선원 지대방에서.

27
매화향기 한바탕

塵勞迥脫事非常　진로형탈사비상
緊把繩頭做一場　긴파승두주일장
不是一番寒徹骨　불시일번한철골
爭得梅花撲鼻香　쟁득매화박비향

번뇌를 벗어나는 것이
예삿일이 아니다.
밧줄(화두)을 단단히 잡고
한바탕 일을 치루어라.
한차례 추위가 뼈에
사무치지 않았다면
어찌 코를 찌르는
매화향기를 얻으리오.

황벽 선사 게송이다. 호랑이가 고양이를 만나면 그 자리에서 바로 찢어 나무에 걸어둔다. 오늘 어설픈 납자가 고양이가 되어 나무에 걸렸다. 거꾸로 매달려 죽는 시늉이라도 해야겠다.

감히 사족을 붙어본다.

生死脫了一大事　생사탈료일대사
透得祖關算未生　투득조관산미생
不打全身霹雷雨　불타전신벽뢰우
豈振秋菊霜裏香　기진추국상리향

생사를 벗어나는 것이
가장 큰일이다.
한 생 안 태어난 셈치고
조사관을 투과하라.
온몸에 천둥, 번개, 비
때리지 않았다면
어찌 가을국화 서리 속에
향기 진동하겠는가.

매화향기 코를 찌르는 봄을 맞이하고, 국화향기 진동하는 가을을 만끽하는 사문이고 싶다. 한 생 안 태어난 셈 치면 할 일은 오로지 일념정진뿐일 텐데.

미타선원 행복선수행학교 강의 중에서.

28
고요히 앉아라

움직이는 씨앗은
싹을 틔울 수 없다.
고요히 앉아라.
그리고 화두하라.
이뭣고?

달마가 말하였다. "오온굴택이 선원이다." 몸이 있는 그곳, 마음을 쓰는 그곳이 바로 선방이다. 지금 여기에서 깨어 있고 열려 있음이 참선이다. 밖으로 치닫는 생각을 그치고 안으로 생각이 앉아라. 그 어떤 경계에도 움직이지 말라. 마음이 휘둘리면 중생이요, 마음이 고요하면 부처다. 마음이 앉아라. 고요히 앉아 경계에 휘둘리지 말라.

사실 부처는 고요한 데 있는 것도 아니고, 앉아 있는 데 있는 것도 아니다. 고요하고 시끄러운 데 있되 고요하고 시끄러운 것을 초월해야 한다. 앉되 앉음에 안주하지 않고 움직이되 움직임에 집착하지 않아야 한다. 그래서 고요히 앉아라.

서서 앉지 못하고, 앉아서 서지 못하는 반쪽의 수행자여. 앉고 섬에 자재함이 납자이러니.

산철 한가한 날 기기암에서.

29
한 생각 일어난 곳

金烏千秋月 금오천추월
洛東萬里波 낙동만리파
漁舟何處去 어주하처거
依舊宿蘆花 의구숙로화

금오산의 천년 달이요,
낙동강의 만 리 파도로다.
고깃배는 어디로 갔는고?
예와 같이 갈대꽃에서 잠자더라.

- 용성진종 -

제자가 용성 선사에게 "어떻게 공부를 하였는지" 물었다.
용성 선사가 대답하기를, "내가 스스로 홀연히 의심하였다. '이 천지와 세계는 무엇으로 근본이 되었는가?' 다시 의심하기를, '천지는 말할 것도 없이 내가 나를 알지 못하는데, 천지의 근본을 알려고 하는 것은 너무나 먼 일이다. 그러면 나의 보고 듣고 느끼고 아는 것의 근본은 어떻게 된 것인가?'라고 했다.

또 한 생각이 일어나기를, '그러한 의심은 그만두고 지금 이 생각이 어디서 일어나는가?' 이 생각이 일어난 곳을 의심하였더니, 생각이 본래 공空하여 생멸이 없는 것이 마치 허공과 같더라.

이와 같이 엿새 동안 살피고 다시 의심하니, 홀연히 밑바닥이 빠진 것과 같이 밖으로 천지의 삼라만상과, 안으로 나의 몸과 분별하는 마음 전체가 본래 공空하여 한 물건도 없더라."라고 하였다.

이후 용성 선사는 9개월 동안 대비주와 육자주를 염송하다 금강산에 들어가 은산철벽에 갇혔다가, 양주 보광사 도솔암에서 홀연히 마음 경계가 밝아져 능소能所가 없어진 경계를 깨달았다.

다시 송광사 삼일암에서 크게 깨달으시니, 무자화두와 일면불 월면불 화두가 명백하여 의심이 없어졌다. 1886년 가을에 낙동강을 건너며 위의 오도송을 읊으셨다.

이와 같이 용성 선사는 인생과 우주(천지와 세계)의 근원을 의심하기 시작해서 '보고 듣고 느끼고 아는 것이 무엇인가?' 하는 마음의 당체를 의심하다가, 종국에 '이 한 생각이 어디로조차 일어나는가?'라고 의심하여 참구하였다. 목전에 일어나고 있는 이 한 생각이 일어난 곳을 의심하여 생각이 공空하여 생멸生滅이 본래 없는 도리를 깨달으셨다. 우리도 이 한 생각으로부터 의심해 들어가는 일념수행一念修行의 수행자가 되자.

모든 화두는 결국 이뭣고 화두로 돌아간다. 이뭣고란 나의 근원, 즉 생명의 실상에 대한 의문이다. '나는 무엇인가?'로부터 이 한 생각이 어디로조차 일어났는가를 묻는 것이 근본화두이다. 이것이 간화의 종지이다.

한산사 선유안심법회 법문 중에서.

30
경신안심 輕身安心

雪嶽牢坐吞空界　설악뇌좌탄공계
優花單開須彌穿　우화단개수미천
斜臥大幹望東西　사와대간망동서
日落月出如燈閃　일락월출여등섬

설악 무문굴에 갇혀 앉아
허공 법계를 머금으니
우담발화 수미산을 뚫어
홀로 피었구나.
백두대간에 비스듬히 누워
멀리 동서를 바라보니
해 지고 달 뜸이 마치 등잔불
깜박거리는 듯하구나.

새벽에 일어나 앉으니 몸이 가볍고(輕身) 마음이 편안하다(安心). 고덕이 말한 경안輕安의 경지가 이러한지 모르겠다. 억지로 되는 일은 없다. 저절로 되어야 한다. 그래서 스스로 그러함을 자연自然이라 했다. 생각이 가벼우니 경계가 맑다. 텅 빈 설악의 경계에 솔바람이 차갑다.

무문관 안 세 평 방이 더 넓은가? 무문관 밖 세상이 더 넓은가? 산승은 알 수 없어라. 무문의 빗장에 갇힌 몸이지만, 오늘 아침 일어나 보니 안과 밖의 경계가 혼동混同하여 백두대간에 홀로 앉아 있는 듯하다. 대천세계도 한 점 티끌인데 인생살이 무슨 번뇌 그리 많은지. 해와 달의 등잔불 깜빡거림에 속아 허공계 안의 생명들 의지할 바를 몰라 헤매고 있다. 태산 같은 근심 걱정 하루살이 불빛인데, 자성심지에 우담발라 홀로 핀 줄 어느 때나 알겠는지.

　　　　　　　백담사 무문관에서 어느 날 한 생각 일으켜 읊은 글이다.

부처님은 굽어보고 중생은 우러러본다.
굽어봄과 우러러봄이 둘이 아님이 기도이다.

생각 이전
자리에 앉아라

2장

31
명리는 아침이슬

명예와 이익을 좇아 평생을 허비하지 말라. 즐거움과 괴로움에 움직이지 말라. 이슬과 연기에 인생을 바칠 수는 없지 않는가. 그림자 따라 춤추지 말고 빛을 보는 수행자가 되어라.

옥토끼 오르내려 늙음을 재촉하고
금까마귀 들락날락 세월이 가네.
명예와 재물은 아침이슬이요,
괴로움과 영화는 저녁연기로다.
간절히 도 닦기를 원하노니
어서어서 부처 되어 중생 건지라.
이 생에 내 말을 듣지 않으면
오는 세상 기어이 한탄하리라.

- 야운 스님 『자경문』 -

해와 달이 재촉함에 세월은 가고,
한평생 명예와 사물만 좇았네.
어느 세월 선법禪法 닦아 마음 밝혀
윤회고통 함께 벗어나겠는가.
최상승의 가르침 만나 제도 못 하면
어느 생에 다시 닦으리오.

양산 송학사에서.

32
선고방편

아이가 어른 되고, 어른이 아이 된다. 거지가 부자 되고, 부자가 거지 된다. 이 세상에 고정된 것은 아무것도 없다. 없는 가운데 있음을 세우는 것이 방편이다. 방편에 자재한 자가 행자이다.

조주 선사께서 방 안에서 좌선을 하고 있는데 원주가 "국왕이 왔다." 라고 알려주었다. 그래도 선상에서 꼼짝도 하지 않고 왕을 맞이하였다. 그리고 또 선상 위에서 전송을 했다.
왕이 가고 나서 대중들이 의아해하면서 물었다.
"국왕이 왔는데 무엇 때문에 일어나지 않았습니까?"
"그대는 나를 모르는가?
하급사람이 오면 절 문까지 나가서 맞이하고,
중급사람이 오면 선상을 내려가서 맞이하고,
상급사람이 오면 선상에 앉은 채로 맞이한다.
대왕을 하급사람이라 취급할 수 없으니
대왕을 욕되게 할 수는 없지 않겠는가."

이 말을 전해들은 대왕은 매우 기뻐하였다.

상중하 계급 본래 없지만 선교로 제도하고자 차별을 보이셨다. 한 생각 돌이키면 모두가 법왕이 아니던가. 수행만 잘하고 있다면 무엇 때문에 세상에 아부하며 살겠는가. 뭔가 꿀리는 것이 있으니 세상에 영합하고 아부한다. 출가자는 천인사天人師, 즉 인천人天의 스승이 되어야 한다. 그런 기상으로 공부해야 한다. 비록 빌어먹고 살지만 그 기상만은 하늘을 뚫어야 한다.

그럼에도 불구하고 방편을 잘 굴려야 한다. 노인은 부모처럼 대하고, 같은 연배는 도반처럼 대하고, 아랫사람들은 동생이나 누이처럼 대해야 한다. 높은 이는 꺾어주고 낮은 이는 북돋아주는 자비가 있어야 한다. 이것이 선교방편이다.

상급사람 오면 맨발로 뛰어나가 맞이하고 중급사람 오면 정중히 맞이하고 하급사람 오면 거들떠보지도 않는 것이 요즘 조계의 인심인지 모르겠다. 일체 중생이 불성이 있다고 말은 하고 있지만.

중국 하북성 조현 조주 선사 행화도량 백림사에서 천진불자들에게 띄운다.

33
삶의 풍경 그대로

나고 죽음의 일은 속일 수 없다.
걸어온 자취가 씨앗이 되고
가꿔온 빛깔이 열매가 된다.
생의 첫 울음과 마지막 숨결이
들숨이든 날숨이든 상관없이
갈무리한 업의 어김없는 무게이다.

대칭을 이루지 않을
첫 울음과 끝 숨결 속에
온 곳을 알 수 없어
갈 곳마저 몰라도
평상심으로 오늘을 산다.

지수화풍 인연 조합의 몸
수상행식 허깨비 같은 마음

씨줄 날줄로 엮어온 삶이
본래 없는 한 물건의
그림자에 불과한지라.
오욕의 손길마다 깨어 있고
환몽의 발길마다 열려 있어
맑고 밝은 빛으로 텅 비어 있네.

생각 그치는 것이 선정이요,
반연 쉬는 곳이 고향이니
부딪히는 모든 것이 진실이며
울고 웃는 삶의 풍경 그대로
휴식이요, 해탈이다.
살아온 어제의 절망이
살아갈 내일의 희망이다.

자신을 속이지 않는 것이 무자기毋自欺이다. 천하를 속여도 자신은 속일 수 없다. 나고 죽음 또한 속일 수 없다. 고인이 일러주길, 실패(절망)란 넘어서서 일어나지 않음이다. 만 번 넘어져도 만한 번 일어나면 성공(희망)이라고 했다. 인연 불자들의 건강과 행복을 기원하며, 새해에는 봄빛 같은 환한 미소 가득하시고, 부디 견성도생하소서.

34
명리를 구하지 않고

나옹 선사는 고려 말을 살다 간 선지식이다. 왕사였던 나옹은 「누더기 한 벌의 노래(百衲歌)」를 남기고 있다. 그 「백납가」 중의 한 연이다. 달팽이뿔 같은 명리에 초연함이 진정한 납자이다.

不求利亦不求名　불구리역불구명
百衲懷空豈有情　백납회공기유정
一鉢生涯隨處足　일발생애수처족
只將一味過殘生　지장일미과잔생

이익도 구하지 않고 명예도 구하지 않으니
누더기 납자 마음 비어 어찌 망상 있으랴.
발우 하나로 살아온 인생 어디서나 만족하니
다만 이 한 맛으로 남은 생을 보내리.

요즈음 출가자들이 명예와 이익을 구해 동분서주하는 모습은 그 무늬만 출가요, 심출가는 아닌 듯하다. 요즘 스님들은 오프라인에서는 출가를 했는지 모르겠지만, 온라인에서는 출가를 하지 못한 것 같다고 말한다. 누더기 한 벌과 발우 하나로 살아간 부처님과 조사의 삶에 비추어 볼 때 오늘 우리들의 모습은 정녕 수행자임을 포기한 것인지도 모른다. 일의일발一衣一鉢은 아니더라도 꼭 필요한 것만 가지는 무소유의 청빈으로 살아감이 진정한 수행자일진대. 나옹 큰스님이 그립다.

대승사 관음암에서 여름안거를 나면서 산 건너편에 있는 나옹 선사의 출가도량인 묘적암을 참배하고 와서 단월들에게 보내다.

35
춘망사春望詞

　모두 다 잠든 새벽에 홀로 깨어 있음이 수행자의 특권이다. 깨어 있음은 인간적으로는 외로움이다. 외로움으로 깨어 있음이 아닌 넉넉하게 깨어 있는 자가 수행납자이다. 그래도 꽃은 피고 진다. 안개 속에서 안개 이전의 꽃을 보라.

花開不同賞　화개부동상
花落不同悲　화락부동비
欲問恩愛處　욕문은애처
花開花落時　화개화락시

꽃이 피어도 함께 볼 사람 없고
꽃이 져도 함께 슬퍼할 이 없네.
은애하는 님은 어디 계시온지.
꽃은 이렇게 피고 지는데.

망상을 피워 멀리 당나라 때 시인 설도薛濤의 「춘망사春望詞」 첫 연을 두 글자 고쳐 적어보았다. 한산에는 4월말, 5월초라야 진달래가 핀다. 남녘보다 한 달 가까이 늦은 꽃맞이를 한다. 겨울도 길지만 꽃을 기다리는 마음에 봄이 길기만 하다. 님 기다리는 그대처럼.

부처님오신날이 다가오는가. 꽃 피고 새 울어도 아직 한산에는 찾는 이 없다. 산승 홀로 자성불전에 등불 밝혀 이 세상 모든 이의 안녕을 빌어보련다. 봄 어느 날 꽃을 기다리는지, 님을 기다리는지 알 수 없다.

36
매화향기

청매 홍매 핀 이른 봄날
매화향기 진동하는데
나는 매화향기 훔치는
도둑님 되어 손발 묶이고
마음마저 꽁꽁 묶였다.
너는 꽃이 되고
나는 죄인 되어.

이른 봄날 하동 섬진강변에 있는 도반, 도업 선사의 토굴을 찾았다. 강변에 핀 매화향기에 취하여 도둑님이 되었다. 이 향기 거두어 실바람에 실어 보내오니 넉넉히 품으소서.

매화향기 흩날리는 섬진강 모래톱에서 님들께 띄운다.
이른 봄날에 庵.

37
암자 한 칸

비로정상을 홀로 걸어가는 자, 그대 이름은 청안납자靑眼衲子로다. 납자여. 누더기 한 벌과 지팡이 하나면 넉넉한 살림인 것을. 한 칸 암자도 호사요, 밝은 달빛 더욱 사치다. 저자에선 지금 젖이 부족한 아이 울고 있지 않는가.

南山巖頭一間庵　남산암두일간암
山僧半間月半間　산승반간월반간
月亮黎明惚惚走　월량여명총총주
山僧單瞻風磬聲　산승단첨풍경성

남산바위 끝에 한 칸 암자 지어놓고
산승 반 칸 차지하고 달 반 칸 차지했네.
달님 여명 따라 총총히 가버리니
산승 홀로 남아 풍경소리 쳐다보네.

칠불암은 사십 년 전만 하더라도 초라한 암자였다. 위의 법당은 기와지붕이었지만, 우물 밑에 초가집도 한 채 있었다. 그리고 십 년 전만 해도 여전히 쇠락한 모습의 보잘것없는 절이었다. 거기서 사는 것 자체가 고행이요, 수행이었던 시절이 있었다.

　지금은 예진 스님의 원력으로 단아한 모습의 기도도량으로 거듭나는 불사를 이루었다. 일곱 부처님도 환희하시는 것 같다.

부처님은 굽어보고 중생은 우러러본다.
굽어봄과 우러러봄이 둘이 아님이 기도이다.
칠불암에서 홀로 허허롭게 지내면서 고시를 인용해 적은 감상을 이제 보내 드린다.

만춘지절에 칠불암에서.

38
선다일미 禪茶一味

閑山單坐烹壺茶　한산단좌팽호다
一椀奉獻七佛尊　일완봉헌칠불전
兩椀獻呈德崇丈　양완헌정덕숭장
三椀奉納傳燈侶　삼완봉납전등려
數椀送敷不二徒　수완송부불이도
打量空壺喫茶無　타량공호끽다무

한산에 홀로 앉아 차 한 주발 달이네.
첫째 잔은 남산 칠불암 부처님께 공양하고
둘째 잔은 멀리 덕숭산 노장님께 올리옵고
셋째 잔은 전등회 도반들께 올리오며
여러 잔을 모아 불이선 벗들에게 부쳐드리고
살펴보니 주발 비어 마실 차가 없네.

한산에 비가 오니 따뜻한 차 한 잔 끓인다. 찻물 끓는 소리에 빗소리 잠시 들리지 않고, 찾는 이 없는 한산당에는 바람만 살랑거린다. 하릴없이 빈 찻잔만 바라본다.

다도의 정설이라 할 수 있는 옥천자 노동盧仝의 「칠완다가七椀茶歌」의 끝부분을 음미해본다.

사립문 닫혀 있고 찾아오는 사람 없어도
사모를 머리에 쓰고 홀로 차를 끓여 마시네.
푸른 구름은 끊임없이 바람을 부르고
백화는 떠서 차그릇에 엉기어 있네.
첫째 잔을 드니 목과 입술이 부드러워지고
둘째 잔을 드니 고독과 번민이 사라지네.
셋째 잔을 마시니 마른 창자에 오직 문자 오천 권만 남아 있고,
넷째 잔에 이르니 내 평생에 불평스러웠던 일들이
온몸의 털구멍을 통해 흩어지네.
다섯째 잔을 마시니 근육과 뼈가 맑아지고,
여섯째 잔에서 선령仙靈에 통한다.
일곱째 잔에서는 마셔도 얻을 것이 없구나.
오직 양 겨드랑이에서 솔솔 맑은 바람이 나옴을 느낄 뿐이다.
봉래산이 어디 있느냐.

나 옥천자는 이 청풍을 타고 돌아가고 싶다.

산 위의 신선들은 아래 세상을 맡고,

땅은 맑고 높아 비바람을 막는다.

어찌 알겠는가.

백만 억조창생이 천길 벼랑에 떨어져 천신만고 겪음을.

바로 간의를 좇아 물을거나.

억조창생이 끝내 숨 돌릴 수 있는가 없는가를.

옥천자는 말한다. 일곱 번째 잔을 마시니 얻을 바가 없는 경지임을. 아울러 양 겨드랑이에서 맑은 바람이 일어나는 소식을 전한다. 그리고 마지막으로 억조창생(중생)을 품에 안고 있다. 이 어찌 선다일미禪茶一味의 경지가 아니겠는가.

한산에 아무도 오지 않고 비만 온다.

비 오는 날 한 잔의 차가 절친도반이다.

차향과 같이 맑고 향기롭게 살자.

한적한 한산사 한산당에서.

39
아미산에 올라

과거 전생으로 따져보면 부모형제 아닌 사람 어디 있을 것이며, 애인 아니었던 생명 하나 없다. 생명의 근원자리에서 보면 움직이는 모든 생명이 하나이다. 이것이 고인이 일깨워주는 경지이다.

등아미산
登峨眉山

喜遇忘却千歲侶　희우망각천세려
竟然共登古峨秀　경연공등고아수
水與人心那變遷　수여인심나변천
依舊金頂華藏印　의구금정화장인

아미산에 올라

천년 세월 동안 잊은 도반 기쁘게 만나
드디어 아미 옛집에 함께 오르니
흐르는 물과 인심은 그리 바뀌어도
금정의 화장계 소식은 옛 그대로구나.

아미산은 중국 사천에 있는 보현성지이다. 해발 삼천 고지의 웅혼하고 수려한 명산이다. 최고봉이 금정金頂인데 예부터 화장사華藏寺를 중심으로 여러 사원이 즐비하다. 지금은 보현대불이 건립되어 있다. 수많은 불자들이 산을 올라 사계절 내내 순례객이 줄을 잇는 성지이다. 중국 유학 시절 도반 몇 분들과 함께 아미산 보현도량을 참배하였다. 왠지 고향에 온 것처럼 정감이 특별했다. 그때 금정에서 느낀 감상을 적은 글을 이제야 함께했던 도반들께 보내드린다.

가을 불이선회 불자들과 아미산을 참배하고.

40
유발상좌를 보내며

천겁의 생명을 거슬러
이제사 시절인연 맞아
가장 향기로운 꽃 문수화.
유발의 제자 너를 만났구나.
아카시아꽃을 닮은 하얀 미소
낮달인 양 수줍고
솜털 같은 속심은
그믐밤 별빛으로 빛나더니
희뿌연 연경 하늘에
노을빛 정 하나 매달아놓고
새벽같이 인연의 숲을 걸어
푸른 언덕으로 돌아가는 너에게
옛 거울 곱게 닦아
가슴 깊이 묻어 보낸다.
항상 그 자리에 있어 만남도 없고

늘 지금이기에 헤어짐도 없는 것을

부질없이 오늘 이렇게

더 큰 인연을 준비하기 위해

작은 이별의 연습으로 너를 보낸다.

사람은 사람으로 미혹되니

안과 밖이 하나 되게 살피면

빛의 나라 가까우리.

중국 인민대학을 졸업하고 귀국하는 유발상좌를 보내며, 자식을 멀리 떠나보내는 심정을 조금이나마 가늠해본다.

1995년 유월 열여드레 날 북경 광제사 법당에서.

41
열 가지 이익 없음

· 마음을 반조하지 않으면 경을 보아도 이익이 없음이요,

· 자성이 공한 줄 알지 못하면 좌선을 해도 이익이 없음이요,

· 정법을 믿지 아니하면 고행을 해도 이익이 없음이요,

· 아만을 꺾지 못하면 법을 배워도 이익이 없음이요,

· 사람의 스승이 될 덕이 부족하면 중생제도에 이익이 없음이요,

· 안으로 실다운 덕이 없으면 밖으로 위의가 있어도 이익이 없음이요,

· 마음이 신실하지 못하면 아무리 말을 잘해도 이익이 없음이요,

· 원인을 가벼이 여기고 결과를 바란다면 도를 구하여도 이익이 없음이요,

· 뱃속에 무식만 가득하면 교만하여 이익이 없음이요,

· 일생을 괴각으로 살면 대중에 살아도 이익이 없음이다.

- 청매인오 선사 -

사족을 붙인다.

- 지금 반조하는 이것이 무엇인가.
- 자성이 공한 자리에 앉아라.
- 정법의 바탕 위에 수행하라.
- 아상을 여의는 것이 공부다.
- 제도한 바 없이 제도하라.
- 덕과 행이 일치함이 수행이다.
- 진실이 말이 되어야 한다.
- 구함이 없음이 부처다.
- 배움이 없이 널리 배워라.
- 친절과 배려가 보살이다.

불이선 행자의 수행지침이다. 무익無益이 이익인 줄 알아야 한다. 청매선사의 높은 가르침을 가슴에 새기고 부지런히 정진하자. 이것을 지남指南(이끌어 가르침)으로 공부하면 어긋나지 않는다. 반대로 가면서 공부하고 있다고 하는 이들이 얼마나 많은가. 반드시 이 길로 굳건히 걸어가자.

뒤돌아보지 말고 곧장 나아가라.
그림자를 밟고 가더라도 그림자에 연연하지 말라.
당당히 광명의 한 길을 걸어가라.

정유년 봄 산철에 한산노인이.

42
칠불 정토에서

경주 남산의 마애불은 바위를 쪼아 부처를 새긴 것이 아니라, 바위 속에서 부처가 나온 것이다. 정성과 신심이 부처다.

十方淸淨結社衆　시방청정결사중
雲上山頂七佛土　운상산정칠불토
一念觀音入三昧　일념관음입삼매
念盡卽是解脫境　염진즉시해탈경

시방의 청정 공동체 가족
구름 위 산마루 칠불 정토에서
일념으로 관세음 불러 삼매에 드니
일념 다한 즉 그대로가 해탈경계로다.

神仙磨崖慈笑容　신선마애자소용
千年風霜恒愍心　천년풍상항민심
貧寒凡夫仰頂禮　빈한범부앙정례
瞻禮卽消多生業　첨례즉소다생업

신선대 마애관음 엷은 미소
천년의 세월 한결같은 마음
춥고 배고픈 범부 우러러 예배하니
예배 즉시 다생 업장 녹아지네.

칠불암에 뜻있는 사부대중이 모였다. 청정결사를 다짐하고 자성청정, 인간청정, 국토청정을 부처님께 발원하였다. 이때 함께한 대중들이 칠불암과 신선대 마애부처님께 올린 기도의 마음을 담은 글이다.

43
초명의 살림살이

대통지승여래께서 십겁十劫을 도량에 앉아 있었으나 불법이 나타나지 않았다. 또한 석가세존이 일체 중생을 제도해 마쳤으나 한 중생도 제도 받은 바가 없다. 무슨 까닭인가?

蟭螟眼睫起皇州　초명안첩기황주
玉帛諸侯次第投　옥백제후차제투
天子臨軒論土廣　천자임헌논토광
太虛猶是一浮漚　태허유시일부구

초명이 모기눈썹 위에 황제의 나라를 세워
제후들이 옥과 비단을 가지고 차례로 투항하니
천자는 누대에 올라 국토 넓음을 자랑하네.
가없는 태허공도 오히려 한 조각 물거품인 것을.

-『관음예문』-

『능엄경』에 설하였다. "허공이 대각 가운데에서 생긴 것이(空生大覺中) 마치 바다에 물거품이 생긴 것과 같다(如海一泡發)." 중생계인 삼천 대천세계를 감싸고 있는 허공조차 큰 깨달음(마음자리)에서 비롯되었는데, 이 허공마저도 마치 넓은 바다에서 일어난 하나의 물거품에 불과한 것이다.

어떻게 마음을 써야 할 것인가. 초명*의 살림살이를 떠나서 또한 대각이 있는 것도 아닐진대, 하루살이 인생에서 영겁의 빛나는 인생을 본다. 나날이 좋은 날(日日是好日) 되소서.

초명사문 월암 화남.

---

* 초명: 모기눈썹 속에 기생하는 아주 작은 벌레.

44
대도무문 大道無門

大道無門　대도무문
千差有路　천차유로
透得此關　투득차관
乾坤獨步　건곤독보

대도에는 문이 없도다.
천 갈래의 길이 있더라도
오직 이 관문을 통과하여야
천지에 홀로 걸어가리라.

이 게송은 백담사 무문관에 있는 글귀이다.
문이 없으니 천지가 툭 트여
시방이 오직 향상일로向上一路로다.
애초에 관문 만들 일 없었다면

범부와 도인 따로 나뉘지 않았을 텐데.

병신년 동안거를 맞이하여 설악산 백담사 무문관에 들어가면서 사족을 달아 띄운다. 사바의 언덕에 몸 비비고 살아가는 생명 모두 평안하시길 빈다.

초명사문 월암 합장.

45
생각 이전 자리

불자들이여.
사람 몸은 얻기 어렵고
불법은 참으로 만나기 어려운데
이 몸을 금생에 제도하지 못하면
다시 어느 생을 기약하겠는가?

대중들이여.
참선을 하고자 하거든
모름지기 모든 것을 놓아버려라.
무엇을 놓아버리는가?
먼저 몸과 마음을 놓아버리고
그 다음 무량겁으로 익혀온
허다한 업식을 놓아버려라.

그리하여 자기 발밑을 향하여

"이것이 무엇인고?" 하고

추궁하고 추궁하면

홀연 마음빛이 활짝 밝아

시방세계를 비추게 될 것이다.

선禪은 결코 생각에 있는 것이 아니니

설사 천 가지 만 가지 생각을 하더라도

이것은 다만 망념에 지나지 않으니

죽음에 이르러서는

아무런 소용이 없느니라.

생각 이전 마음자리로 성큼 들어가라.

황룡사심黃龍死心 선사의 가르침이다. 사심死心이란 죽은 마음이다. 죽은 마음이란 죽은 사람의 마음이 아니라, 죽은 사람처럼 마음을 쓰는 것을 말한다. 사심이란 무심이니 마음을 일으키되 일으킨 바가 없다.

몸도 놓고 마음도 놓고 업식마저 놓아버리면 굳이 이뭣고 할 필요도 없다. 놓는 그 자리가 마음자리일 테니까. 생각이 다하고, 다한 그것마저 다한 그곳에 부처님이 광명을 놓고 계신다.

46
첫눈이 오면

첫눈이 오면
그대 기리는 마음 시려오네.
산색 투명한 햇살 속에
솜이불 뒤집어쓰고
푸른 손마디마다 안개 같은
몸살 앓는 소나무숲.
기다림은 사랑보다 더 깊은
아픔으로 밀려오는데
그대 이름으로 새기는 발자국.
종일토록 내 마음
눈 시린 하늘 저 멀리
가벼운 새털구름 한 자락
님 그리며 걸어두었네.

어느 명징한 날 벽송사에 첫눈이 탐스럽게 내렸다.
불현듯 님 그리는 마음 화두인 양 사무친다.
눈 쌓인 소나무숲 솜이불 덮은 듯 포근하고,
하늘의 구름 한 점 그리움으로 날아간다.

겨울 벽송사 선실에서.

47
선우禪友를 맞이하며

희양산은 옛 선문이요, 봉암사는 수좌의 고향이다. 구산선문의 유일한 전승지이며, 수선가풍이 살아 숨 쉬는 봉암사는 조계 제일의 수행도량이다.

영선우
迎禪友

多生匯緣淸信衆　다생회연청신중
鶴首一踏來鳳巖　학수일답래봉암
溪迎曉天繡月華　계영효천수월화
何處鳳鳴靑山然　하처봉명청산연

鳳巖龍谷瑞光迎　봉암용곡서광영
恒心醒醒眞佛子　항심성성진불자
勤修淨業成頂眼　근수정업성정안

我汝同遙兜率宮 아여동요도솔궁

선우를 맞이하며

다생의 깊은 인연 믿음 깨끗한 불자들
보고픈 마음 한걸음에 봉암사로 달려오니
시냇물 새벽하늘 달무리 수놓아 맞이하네.
청산은 의연한데 봉황은 어디서 울고 있는가?

봉암용곡이 상서로운 빛으로 환영하니
한결같이 늘 깨어 있는 마음이 참불자라네.
부지런히 맑은 업 닦아 깨달음 이루어
우리 함께 도솔천 내원궁에 노닐어보세.

주고받는 것이 생사거래요, 또한 보살의 자비이다. 욕심으로 주고받으면 생사업이요, 원력으로 주고받으면 해탈업이다. 봉암사에서 동안거 중에 대중공양 온 불자님들을 환영하며 맞이할 때 감사의 마음을 표현할 길 없어 적은 글이다. 은혜가 막중하니 어깨가 무겁다.

봉암사 태고선원 한주실에서.

48
본래면목

모든 불보살들 가운데
좌선을 통하지 않고
성불한 분은 단 한 분도 없다.

움직이는 바람은
앉는 도리를 모른다.
가만히 앉아라.

일 없이 고요히 앉아서
밖으로 치닫는 모든 생각을
안으로 돌이켜 비추어라.
생각 이전 자리를.

이름으로 부를 수도 없고
모양으로 그릴 수도 없으며

말로 표현할 수도 없는 마음자리.
그 자리로 돌아가고 싶거든

밖으로 모든 반연을 놓아버리고
안으로 헐떡거림을 쉬어서
마음을 허공처럼 텅 비워라.
그러면 공겁空劫 이전으로부터
그대 안에 찬란히 빛나고 있는
본래부처를 만나게 될 것이다.

다만 앉아 있음을 흉내 내지 말라.
몸으로 앉아 있는 것이 좌선이 아니다.
일체 경계에 움직임 없음이 앉음(坐)이요,
성품이 공함을 보아 어지럽지 않음이 선禪이다.

오직 생각 이전 자리
텅 비어 고요하되
신령스레 아는
빛과 생명의 자리가
그대의 본래면목일 뿐이다.

생각 이전 자리란 생각 너머에 실체로 존재하는 그 무엇이 아니라, 생각이 생각 아닌 공(空)한 것에 갖다 붙인 거짓이름이다.

천 생각, 만 생각이 허깨비놀음인 줄 알면 삶은 고요해지리라.

갑오년 동안거 중 소중한 인연에 감사하며
중흥사 불이선원에서.

49
문에 서서

누에가 고치 치고 들어앉았다고 무문이냐.
구렁이가 굴을 파고 겨울잠 잔다고 무문이냐.
눈도 막고 귀도 막고 마음마저 닫아걸고
보되 보는 바가 없고, 듣되 듣는 바가 없으며
생각하되 생각하는 것마저 끊어져야
진실로 무문관이 아니더냐.

한 생각 어디서 일어났다 어디로 사라지는가.
천만 가지 생각 일어나고 사라지는 당체 없으니
일으키고 사라지면 생사의 유문이요,
일으켜도 일으킨 바 없고,
사라져도 사라진 바 없으면 해탈의 무문이다.
생사와 열반이 허공꽃이라, 유무가 둘 아니네.

일 많은 사람 들락날락 바쁘기도 한데

문이 있어도 형상 없어 드나드는 바가 없고
문이 없어도 걸림 없으니 드나들지 못함이 없네.
무문관이여. 천지 사방이
소실봉으로 통하는 문이로다.

오늘 여기 시공時空의 관문 무금원에 들어서야
빗장 걸어 잠근 좁은 방이 무문관이 아니라
오히려 빗장 밖이 무문관임을 알게 되었네.
삼독에 갇힘이 무문이요,
육도만행 자재함이 유문이더라.

갇히고 나서야 자유분방이 소중함을 알았다.
스스로를 가둘 줄 아는 자가 참자유인이다.

　　　　　　　　　　　　　　　　　백담사 무문관에 들어서.

50 안영한담 雁影寒潭

雁過長空　影沈寒水　안과장공　영침한수
雁無遺踪意　水無留影心　안무유종의　수무유영심

기러기 하늘을 날아가니
그림자 찬 물속에 잠기네.
기러기 물 위에 자취 남길 뜻이 없고
물 또한 그림자 잡아둘 마음 없네.

천의의회 선사의 「안영한담 雁影寒潭」의 경지이다. 기러기가 하늘을 날지만 그림자는 강물에 비친다. 기러기가 날아가버리면 그림자도 없어진다. 기러기 애초에 강물에 그림자 드리울 생각 전혀 없었고, 강물 또한 기러기 그림자를 붙잡아 둘 생각 없다. 기러기는 그저 날아가고 있을 뿐이며, 강물 역시 비칠 따름이다. 공중의 달 또한 천강에 비춘 바 없이 천강을 비추고, 천강 역시 품는 바 없이 공중의 달을 품는다. 이 수

월상망水月相忘의 선지를 계승하여 근현대 중국화가 정오창 또한 이렇게 노래하였다.

風來疎竹　風過而竹不留聲　　풍래소죽　풍과이죽불유성
雁渡寒潭　雁去而潭不留影　　안도한담　안거이담불유영
故君子　事來而心始現　　　　고군자　사래이심시현
事去而心隨空　　　　　　　　사거이심수공

바람이 성긴 대숲에 불어와도 지나가고 나면 소리를 남기지 않고
기러기 차가운 연못을 건너도 지나가고 나면 그림자 남기지 않네.
군자는 일이 생기면 비로소 마음이 드러나고
일이 지나고 나면 마음도 따라서 비워진다네.

산승이 망설을 보탠다.

내 모습 거울에 비치나
거울 속에 남길 마음 없고
거울이 내 모습 비추나

그 모습 잡을 마음 없다.

이것이 나와 거울의 사귐이다.

사랑도 이와 같다.

보되 본 바 없이 보고

듣되 들은 바 없이 듣고

생각하되 생각한 바 없이 생각함이

자취 없는 참사랑이다.

고덕의 안영한담雁影寒潭, 수월상망水月相忘의 마음경계를 사모하여 적어 본 글이다. 새해선물로 드리오니 한 해 동안 무심무사無心無事 하소서.

한산사 보현당에서.

51
염일방일拈一放一

하나를 얻으려면
하나를 놓아야 한다.
하나를 쥐고
또 하나를 쥐려 한다면
두 개를 모두 잃게 된다.

한 아이가 커다란 장독대에 빠져
허우적거릴 때 어른들이
사다리 가져와라, 밧줄 가져와라
요란법석을 떠는 동안
물독에 빠진 아이는 꼬르륵
숨이 넘어갈 지경이다.
그때 작은 꼬마 사마광이
옆에 있던 돌맹이를 주워 들고
그 커다란 장독을 깨트려버렸다.

치밀한 어른들의 잔머리로
단지값, 물값, 책임소재를
따지며 시간을 지체하다가
정작 사람의 생명을 잃게 하는
경우가 허다하더라.

하나를 얻으려면
하나를 놓아야 하는 법.

내게 있어 돌로 깨부셔야
할 것은 무엇인가?

나를 놓아야 너를 얻듯이
번뇌를 깨트려놓아야
보리를 얻을 수 있고
생사를 깨트려놓아야
열반을 얻을 수 있고
중생을 깨트려놓아야
부처를 얻을 수 있다.

지금 여기서

당장 그 생각을 놓아라.

그러면 마음자리 밝아지리라.

위의 고사는 천 년 전에 중국 송나라 때 정치가이자 사학자인 사마광의 어릴 적 이야기이다. 놓고 얻음에 자재함이 진정 무소유인 것을.

하안거 해제를 맞이하며 기기암선원에서.

52
유채꽃밭에서

올려다보지 않고
손닿는 높이로
다가선 노란 얼굴.

두근거리는 마음으로
너의 곁에 다가서면
자랑하고 뽐내는
나의 허세는
환망이 되어 날아가고

선명한 너의 얼굴에
더 많이 가지고
더 많이 모으려는
나의 모습이 초라하구나.

너는 단 한 날, 단 한 번도
욕심을 배운 적이 없다.
남천내 물에 비친 달처럼
무욕인 너의 모습에
앞만 보고 치닫는 욕망의
질주를 접어놓는다.

아 오월의 꽃잔치가
아직 파하지 않았는데
봄의 시름 다하기 전에
스스로 단장하여
그리움으로 물들었다.

노란색 망울마다
깊은 배려로 깨어 있는
선정 같은 꽃이여.

봄이면 노란 유채로 치장하고 여름이면 홍백의 연꽃으로 곱게 단장하는 고성古城 주위가 몸살에 시달린다.

경주 반월성 옆 곱게 핀 유채꽃단지에서 초명사문 월암이 선종순례 함께 한 도반들을 기리며 몇 자 망상을 적어 안부를 묻다. 늘 청안하소서.

53
동안거 해제날에

홍매화 붉은 입술에
꽃샘바람 입 맞추니
기다림으로 얼어붙은
실개천 얼음장 밑에도
봄기운은 맨살로 살갑다.

햇살 고운 불이선원
문설주에 기대 앉아
온몸으로 봄빛 여미는
게으른 산승.

시절인연 너머
나고 죽는 도리 간파할
훤출한 안목 열리는 날
부처를 죽이고

조사를 죽이고

이 봄을 다 삼킨들

안심입명 마다하리오.

경주 남산자락에 봄기운이 완연하다. 붉게 핀 매화에 반갑잖은 손님 꽃샘바람이 매서운 발길로 찾아든다. 봄이 오기를 기다리는 것이 어찌 풀과 꽃뿐이겠는가. 얼음장 같은 업식이 녹아 부처의 씨앗 파릇파릇 돋아나고, 보리의 꽃이 만개하기를 기대하며 게으른 산승도 기다림에 힘겨워 문설주에 기대어 망상의 봄빛을 여미어본다. 봄꽃이야 햇살 고우면 피겠지만 심지화心地花는 어느 시절 기다려 피려는지.

경주 동남산자락 중흥도량 불이선원에서 不二子.

54
소림초당에서

劫外獨坐獅子窟　겁외독좌사자굴
萬年巖下無心定　만년암하무심정
雪寒白夜月影舞　설한백야월영무
草堂閑心石花開　초당한심석화개

겁 밖에 홀로 사자굴에 앉아
만년바위 아래 무심히 선정에 들어
눈빛 차가운 밝은 밤 달그림자 일렁이니
초당의 한가한 마음에 석화가 피어나네.

　밤새 큰 눈이 내려 덕숭산이 설산이 되었다. 온 산에 눈꽃이 피고 나무들은 솜이불 뒤집어쓰고 잠들어 있다. 밤이 되니 은백의 설산에 휘영청 달빛이 밝아 눈빛잔치인지 달빛잔치인지 함께 어우러진다. 초당의 당주도 슬그머니 문 열고 달빛 한아름 안고 축제에 동참한다.

소림초당은 만공 선사께서 지으시고 수행하신 곳이다. 수덕사와 정혜사 중간지점 계곡 옆에 위치하고 있다. 어느 해 겨울안거를 소림초당에서 지냈다. 그때 눈 내리고 달 밝은 날 밤 심정을 적은 글을 단월들께 보낸다.

55
불이암不二庵에서

深山空庵　심산공암
白雲昇沈　백운승침
松風和月　송풍화월
閑溪睡流　한계수류

깊은 산 빈 암자
흰 구름 오르내리고
솔바람 달빛 실어오니
한가한 시내 졸며 흐르네.

낮에는 흰 구름 손님으로 영접했더니, 밤에는 달빛이 나들이 나왔네. 개울물 흐르는 소리 졸리는 듯 산승마저 고개 꾸벅인다. 굳이 따로 선정에 들어 무엇하겠는가. 달빛이 적적하니 선정이요, 물소리 성성하니 반야로다.

배고프면 솔잎으로 주린 배를 채우고 목마르면 샘물로 목축이던 고인의 경계가 그립다.

한산사 불이암에서 여름
한때 고인을 흉내 낸 글을 벗들께 보내드린다. 庵.

56
사청사우 似晴似雨

잠깐 개었다 비 내리고
내렸다가 도로 개니
하늘의 이치도 이러한데
하물며 세상인심이야.
나를 칭찬하다 곧
도리어 나를 헐뜯고
명예를 마다하더니 도리어
명예를 구하는구나.
꽃이 피고 꽃이 지는 것을
봄이 어찌하리오.
구름이 오고 또
구름이 가는 것을
청산은 다투지 않으니,
세상 사람들에게 말하노니
반드시 알아두소.

기쁨은 취하되 평생 누릴 것은
없다는 것을.

설잠雪岑 선사 김시습의 시이다. 옳고 그르고, 이익 되고 손해되는 것에 무심하고, 칭찬과 비방에 흔들리지 않는다면 이것이 부동지不動地보살이다. 봄이 오는 것도 자연이요, 꽃이 피고 지는 것도 자연이니 자연으로 살아가자. 산에 산다고 어찌 자연인이라 하리오. 구름이 오고가더라도 청산은 말이 없다. 한평생 대웅전 부처님께 절을 올려도 부처님은 눈썹 하나 까딱하지 않는다. 모든 것은 지나가게 마련이다.

청공晴空에 원일圓日의 나날 되소서.
꽃 피는 봄을 맞이하며.

57
사월의 기기암

천년의 시간이 가뭇없이 흐르는 기기암.
밝아오는 여명 산새 소리에 깨어나는 숲.

실개천에 앙증맞게 피어나는 물안개
법당 앞 기릅나무 눈빛으로 꽃피운다.
연둣빛 향연에 동참한 묵은 가지들.
산은 색색의 물감 풀어 화엄세계 드러낸다.

깨어 있는 숲 색의 향기에 깊어가는 선정
연두옷 갈아입는 것이 못내 아쉬운 나무들
짐짓 먼 산등 바라보며 늑장을 피운다.
삭풍에 맨살을 내맡긴 날들 묵언의 동안거를 깨고
솟구치는 봄빛 마침내 초록으로 물들 채비에 바쁘다.

이 잔인한 사월의 통곡을 온몸으로 떠받치며

생명을 보듬어 강탄하실 님을 맞이하기 위해
헤지고 멍든 가슴에 한 송이 목단꽃을 피운다.

2014년 4월. 봄의 향연이 무르익어가는 숲의 정원에 화엄세계가 펼쳐졌다. 산승도 푸르름에 젖어 산이 되고 숲이 된다. 천년을 지켜온 안식의 도량에 잔치가 벌어지고 있었다. 잔치의 주인공은 단연 기름나무 한 그루다. 늘어뜨린 가지마다 달빛 같은 눈꽃을 피웠다. 벌, 나비 손님 되어 분주했다. 그런데 어쩔거나. 이 자연의 숲에도 세월호의 아픔이 저려왔다. 잔인한 통곡을 삼키며 우리의 4월을 보듬어야 한다. 만중생의 님을 맞이하기 위해.

기기암 도량에서.

58
전생 애인

밉다, 곱다 세월 죽이지 말라. 죽인 세월 아깝다. 그런데 어쩌겠나. 주위의 칭찬과 비방에 아파하고, 미워하는 마음 때문에 힘들어하는 '사람 부처'가 찾아왔다. 자비관을 닦아보라고 말해주면서, 미운 마음이 일어나거든 그 사람이 전생의 부모요, 형제요, 애인인 줄 알면 된다고 했다.

미운 마음은 낯선 사람보다 가까운 사람에게 더 생기게 마련이다. 오랜 전생으로부터 따져보면 모든 사람, 모든 생명이 나와 가장 가까웠던 사이임에 틀림없다. 모든 생명 자기처럼 사랑하라고 당부하며 적어준 글이다. 오늘도 다짐한다. 이 세상에 사랑하지 않는 사람이 하나도 없기를.

但自無心於外境　단자무심어외경
何有浮沈人襃貶　하유부침인포폄
鐵馬不怕堅鞭策　철마불파견편책
冤人如見前生郞　원인여견전생랑

다만 스스로 바깥 경계에 마음을 비우면
칭찬, 비방 어찌 좋고 나쁨이 있겠는가?
쇠로 된 말은 회초리를 두려워하지 않는다.
미운 사람 만나거든 전생 애인인 줄 아소.

사람을 미워하는 죄가 가장 크다. 미움은 자신을 갉아먹는 병이다. 미워하는 마음은 시기와 질투에서 일어난다. 중생이 본래부처다. 무엇이 부족하고 무엇이 못나서 남을 시기하고 질투한단 말인가. 민들레는 장미를 시기하지 않고, 장미는 민들레를 질투하지 않는다. 관세음보살을 부르는 마음은 이 세상에 미워하는 사람이 하나도 없기를 바라는 마음이요, 이 세상에 사랑하지 않는 사람이 하나도 없기를 기도하는 마음이다. 그대 미운 사람 있거든 전생 애인인 줄 아소.

59
귀에만 스쳐도

가령 참선해서 깨치지 못하고
도를 배워 성불하지 못했다 하더라도
그저 스치기만 한 인연으로
영원히 종자가 되어 세세생생
악도에 떨어지지 않고
생생세세 사람의 몸을 잃지 않다가
언젠가는 선지식을 만나
한순간에 깨달음을 얻게 된다.

- 영명연수 -

시작이 거창하지 않아도 좋다.
지금 당장 견성이니 성불이니
다 될 것처럼 하지 않아도 좋다.

나무가 자라는 것이 눈에 보이지
않아도 결국 고목이 되는 것처럼
깜짝 사랑 영이별이라고 했듯이
한 번에 엎어져 쉬이 그만두지 말라.

허공이 늘지도 줄지도 않는 것처럼
발심한 보살은 항상 그 자리에서
변하지 않고 발심을 이어간다네.
눈에 스치고, 귀에 스치고
다만 마음에 담아만 두어도
삼악도 멀어지고 사람 몸 받아
성불의 종자가 되어 언젠가는
싹이 나고 꽃 피어 보리열매 맺으리.

금생에 발심하여 씨앗을 심고 내생에 꽃피워 가꾸고 그 다음 생에 열매 맺어 수확하니 이 아니 삼생성불三生成佛인가. 삼생이 일념一念인지 어찌 알겠는가.

중흥사 성도재일 용맹정진 날 법문에서.

60
한 물건도 없다

허공이 대각大覺 가운데서 생기게 된 것이
마치 바다에서 물거품이 하나 일어난 듯하고,
작은 먼지같이 무수한 유루국토들(대천세계)이
모두 허공을 의지해서 생겼도다.
물거품이 소멸하면 허공도 본래 없거늘
하물며 다시 삼유(三有: 삼계 중생)가 있겠는가?

- 『능엄경』 -

『반야심경』에 안이비설신의도 없고, 색성향미촉법도 없고, 안식의 세계 내지 의식의 세계마저 없다고 하였는데, 지금 목전에서 보고 듣고 느끼고 아는 이것은 무엇인가?

육조 대사가 『단경』에서 "본래 한 물건도 없다." 하시고, 거듭 이르기를, "이 한 물건이 무엇인가?"라고 묻고 있다. 본래 한 물건도 없다면서 또 "이 한 물건은 무엇인가?"라고 묻고 있으니, 이뭣고? 어디 한번 참구해보자.

멀리서 구하지 말라. 코밑이 화두다.

부산에서 온 수좌후원회 여러분께 드린 말씀 중에서.
하안거 중 용성선원에서 말하다.

함이 없고 일 없음이 납승의 경계인데,
어린 사미 공연히 아랫마을 기웃거린다.

오늘 지금 여기를 살아라

3장

61
수연자재隨緣自在

사람은 보면 보는 데 매이고, 들으면 듣는 데 빠지고, 생각하면 생각에 휘둘린다. 육진六塵의 경계 속에 있지만 이 경계를 벗어나는 것이 깨어 있는 자의 수연자재隨緣自在이다.

見聞覺知無障碍　견문각지무장애
聲香味觸常三昧　성향미촉상삼매
如鳥空中只麽飛　여조공중지마비
無取無捨無憎愛　무취무사무증애
若會應處本無心　약회응처본무심
方得名爲觀自在　방득명위관자재

보고 듣고 느끼고 아는 데 걸림이 없고
소리, 향, 맛, 감촉(육진)이 항상 그대로 삼매로다.
마치 허공을 나는 새가 단지 날아갈 뿐이듯

취함도 버림도 없고 사랑도 미움도 없네.
만약 대하는 곳마다 본래 무심하면
비로소 이름하여 관자재라 부르리.

- 사공본정 -

당나라 방거사가 말하였다. "다만 스스로 만물에 무심하기만 하면, 만물이 항상 둘러싼들 어찌 방해롭겠는가. 쇠로 된 소는 사자의 울음소리를 두려워하지 않으니, 나무로 만든 사람이 꽃과 새를 보는 것과 같네. 목인木人의 본체는 스스로 무정하니, 꽃과 새는 목인을 만나도 놀라지 않네. 만법이 여여如如하여 다만 이러할 뿐이니, 어찌 보리를 이루지 못할 것을 근심하랴."

허공을 나는 새가 자취가 없듯이 어디에도 얽매이지 않는 사람은 근심 걱정이 없다. 이 사람은 모든 것에 초연하여 다만 행할 뿐이다. 이를 일러 무심도인이라 한다. 일천 부처님께 공양하는 것이 무심도인 한 분에게 공양하는 것만 못하다고 하였다.

62
거울 하나씩

부처님이 제자에게 물었다.
"사람의 목숨은 얼마 동안이나 가는가?"
제자가 답한다.
"한 번 숨 쉬는 동안입니다."
부처님이 말한다.
"옳도다. 그대는 도道를 알았다."

제자가 선사에게 물었다.
"사람의 생사生死가 어디에 있습니까?"
선사가 답한다.
"한 생각(一念) 일어남이 생生이요, 한 생각 멸함이 사死이니라."

사람들은 제각기 마음거울 하나씩을 가지고 있다. 스스로를 비추고 세상 삼라만상을 비추고 있는데 어리석은 사람들은 비추는 것마다 시비이해是非利害를 더하게 된다. 내 마음에 들고 안 들고, 좋고 싫음을 분별하여, 나에게 좋으면 끌어당기고 싫으면 밀쳐낸다. 이것이 집착이요, 분별이다. 집착과 분별로 말미암아 본래 청정한 거울의 바탕을 잃어버렸다.

지혜 있는 보살은 형상이 오면 오는 대로 비출 따름이다. 형상이 지나가면 결코 거울 속에 비친 형상을 고집하지 않는다. 거울 자체에 본래 좋고 싫음이 없기 때문에 두두물물頭頭物物이 그대로 평등하여 화장세계를 이룬다. 집착과 분별심이 없기 때문에 바탕 그대로 광명의 세계를 이루고 있다. 거울 그대로가 빛의 세계이므로 거울을 떠나 빛을 구할 필요가 없다. 삶 그대로가 빛이다. 각자 가진 거울 하나 잘 챙겨 생을 멋지게 살아보자.

경주불교학생회 동문 선후배 몇 분이 선원을 방문하여 1박 2일 정담법회를 하고 갔다. 이때 해드린 말 가운데 몇 마디를 정리해 보낸다.
어쩔거나. 삼세제불 가운데 인정으로 부처된 분 하나도 없더라.

여름 한산사에서.

63
한산에 들어

한산에 들어 1

산 오르고 물 건너
사십 년 세월 돌고 돌아
한산에 깃들었네.

뜬구름 같은 인생 꿈길에
부질없이 남의 돈 세는데
허비한 세월 그 얼마였던가.
옛사람 사무치게 공부한 것이
오직 생사해탈 위함인 줄
명백하게 알겠구나.

백두대간 머리 숙여
쉬어가는 저수底首마루에

하늘마저 내려앉지 못해
바람으로 맴돌다가

산이 되고 숲이 되어
천상天上 정원 꾸민 한산사.

푸른색 경계가 손짓하는
황홀한 초여름날에
하릴없이 졸고 있는 납승.
귓전을 때리는 홀딱새 소리
좌복 위에 앉아 있음이
자기 복 아님을 일깨우네.

밤이면 쏟아지는 별빛
풀망태에 쓸어 담아
새소리 풀향기 보태어
솔바람에 가득 실어
단월의 창가로 보낸다.

한산에 들어 2

그윽한 선향이 일렁이고
날카로운 선기는 형형한데
이슬같이 투명한 삼경에
열아흐레 달의 엷은 미소
비움이 청복임을 설한다.

자기처럼 축생과보 받지 말라고
선방 맴돌며 홀딱새가 운다.
"홀딱 벗고" "홀딱 벗고"…
내 안에 남아 있는 모든
욕망과 근심, 은혜와 회한
업식의 찌꺼기마저
홀딱 벗어 던지고
청빈납자 되라 하네.

봄날 가난은 가난이 아니요,
가실 가난이 참가난이다.
봄날에는 호미 꽂을 땅도 없더니
가실에야 호미조차 없어진

도의 경지 일러주었네.

빛나는 아침을 맞아
청빈의 충만으로
속진을 아파하는 벗님들
기리며 한산에 앉았노라.

중노릇 제대로 한답시고 많이도 돌아다녔다. 이제 걸음을 그쳐 고요히 자리에 앉음이니 사십 년 세월 제자리걸음 한 줄 이제야 알겠다.

을미년 하안거 초입에 한산사 선실에서 망상을 씁다.

64
차나 한잔 드시게 (喫茶去)

어느 날 아침 조주 스님은 손님을 맞이하여 그중 한 사람에게 물었다.
"전에 이곳에 와본 적이 있으시오?"
"예, 그렇습니다."
이에 조주 스님은 말했다.
"자, 차 한잔 드시오(喫茶去)."
조주 스님은 다른 이에게도 물었다.
"전에 여기 와본 적이 있으시오?"
"아닙니다. 저는 처음입니다."
그러자 조주 스님은 그에게도 말했다.
"자, 차 한잔 드시오(喫茶去)."
그러자 절의 원주스님이 의아해서 스님에게 물었다.
"전에 여기 와본 적이 있는 사람에게 차 한잔을 권하시더니, 여기 와본 적이 없는 사람에게도 역시 차 한잔을 권하시니 도대체 무슨 뜻입니까?"
그러자 조주 스님은 소리 높여 불렀다.

"원주!"

"예, 무슨 분부십니까?"

"차 한잔 들게나(喫茶去)."

그래서 생긴 말이 그 유명한 "끽다거(喫茶去)"이다. 만약 평상심이 도라고 한다면 차를 마시고 밥 먹는 등 일상의 행위는 모두 도가 될 것이다. 참선수행과 차 마심이 둘이 아닌 경지를 선다일여(禪茶一如)라고 한다.

먹고 자고 마시고 일하는 일상을 떠나 도를 구하지 말라. 일하는 것과 수행함이 둘이 아님을 심사불이(心事不二)라고 한다. 둘 아닌(不二) 삶이 중도의 실천이다.

조주 선사의 행화도량인 하북성 조현 백림사에 선다일여의 선다비(禪茶碑)가 세워진 날 백림사를 참배하고 조주차를 한잔 마셨다. 차 한잔 들게나.

중국 석가장 청다원에서.

65
출가인은

좋다, 싫다가 남아 있으면 아직 덜 떨어진 수행자이다. 꿈에서 깨어나면 좋고 싫은 일이 모두 꿈속의 일이다. 꿈 밖에서 꿈을 꾸자. 모두가 아름다운 꿈일 것이다.

僧人喜憂盡　승인희우진
天地都我家　천지도아가
何處非佛懷　하처비불회
劫輪不離心　겁륜불리심

출가인은 기쁨과 근심을 다해 마쳤다.
하늘과 땅 모두가 다 내 집이니
어디인들 부처님 품 아니겠는가.
겁의 세월 굴러도 한 마음 벗어나지 않았네.

괴로움과 즐거움의 노예가 되지 말라.

지나가는 구름에 손만 흔들어라.

어떤 사미가 좋은 글 하나 써달라고 해서 써준 글이다.

한산사 불이암에서.

66
중생은 분별이다

내가 나를 모르는데 너들 어찌 나를 알겠는가.
모르는 그 마음이 정녕 귀하다네.
일찍이 부처와 부처는 서로 보지 못했고
조사와 조사는 서로 전하지 않았다고 말하네.
오늘 나는 이미 너이지만 너는 아직 내가 아니다.

중생의 앎은 분별이다. 아는 마음을 깡그리 놓아버리면 모름이다. 오직 모를 뿐. 이 공부는 오직 모르는 마음으로 지어가야 한다. 일체 분별망념을 몽땅 다 놓아버리면 한 줄기 빛이 온전하다. 그래서 모르는 그 마음이 귀하다고 하는 것이다. 어린아이의 천진으로 돌아가라. 이것이 모름이다. 모르는 마음바탕에 화두 하나 또렷하니 성성惺惺이요, 고요하니 적적寂寂이다.

참선參禪이란 마음을 모으는 것이다. 마음을 모으기 위해서는 분별심을 그쳐야 한다. 아는 마음은 분별이요, 모르는 마음은 무분별이다. 일체 분별을 놓아서 오직 모르는 마음으로 참선을 시작하라. 모르는 그 바탕 위에 인생과 우주에 대한 근원적 의심 하나 오롯하게 하라. 이것이 화두 일념이다.

어느 날 문득 한산에 찾아와 마음공부를 묻는 납자에게 말하다.

67
조주의 정신

서상瑞像은 어디에도 다 있건만 눈이 어두워 보질 못한다. 눈 뜨고 보면 밥 먹고 화장실 가고, 일하고 쉬는 곳, 모두가 그대로 서상인 것을.

조주 선사가 출가하여 후에 스승 남전을 처음 방문했을 때 남전은 방장실에 누워서 물었다.

"어디서 왔느냐?"

"서상원瑞像院에서 왔습니다."

"그래, 상서로운 모습(瑞像)은 보았느냐?"

"상서로운 모습은 보지 못했으나 졸고 있는 여래를 보았을 뿐입니다."

조주 사미의 이 깜짝한 대답에 남전 스님은 벌떡 일어나 다시 물었다.

"너는 주인 있는 사미냐, 주인 없는 사미냐?"

"주인 있는 사미입니다."

"누가 너의 주인이냐?"

이에 조주 스님은 대답은 않고 예배하고 나서 말하였다.

"겨울이 깊고 아직도 날씨가 차오니 스님께서는 존체를 보중하십시오."

 이렇게 해서 조주 스님은 남전의 제자가 된다.

 이후 사십 년을 스승 남전을 시봉하다 육십이 다 되어서야 운수 행각에 오르는데 근 이십 년을 제방의 선지식을 탐방하여 거량하고 보림한다. 행각 중에 늘 스스로에게 말했다.
 "열 살 먹은 어린아이라도 나보다 나은 이가 있다면 내가 그에게 물을 것이요, 팔십 먹은 노인이라도 나보다 못한 이는 내가 그를 기꺼이 가르치리라."
 열 살 먹은 아이에게 배우고, 팔십 먹은 노인을 가르치겠다는 것이 조주의 정신이다. 한국의 출재가자들이 사무치지 못한 대목이 바로 이 대목이다.

1996년 가을 옛 조주 관음원(백림사)에서 북경한인불자회 수련법회를 가졌다. 수련회법문에서 조주의 정신을 말했다.

68
색탑공탑 色塔空塔

百潭川邊千塔洞　백담천변천탑동
各人各樣同心塔　각인각양동심탑
明年夏日洪雨前　명년하일홍우전
色塔空塔淨土嚴　색탑공탑정토엄

백담사 시냇가에 천탑동이 이뤄졌네.
다른 사람 다른 모양 탑에 깃든 마음 똑같네.
내년 여름날 큰 비가 내리기 전까지
색탑 공탑 어우러져 정토세계 장엄하네.

　백담사 절 앞 하천변에 각각의 많은 사람들이 갖가지 모양의 돌탑을 쌓는다. 사람마다 쌓는 그 정성의 마음도 똑같고, 쌓는 탑재도 똑같은 돌이다. 이렇게 가을 한철 내내 쌓아진 돌탑은 천탑이 되어 천탑동을 이루었다.

내년 여름에 큰비가 내려 쓸려가기 전까지는 색탑 공탑이 어우러져서 가히 작은 정토를 이룰 것이다. 허나 시방 불국토마저도 허공의 꽃인 것을 어찌하겠는가. 생성했다 소멸함이 자연의 법칙인걸. 탑을 쌓는 공덕 불가사의하지만, 불사 가운데 선을 닦음(修禪)이 가장 수승하다네. 혼자 조용히 읊조려본다.

설악에 반짝이는 별을 다 셀 수 있고
백담의 흐르는 물 모두 마실 수도 있고
허공을 굴리고 대천을 삼킬 수 있어도
수선修禪의 공덕 능히 다 말할 수 없네.

상좌 둘을 기본선원에 보내놓고 함께 정진할 마음으로 걸망 싸들고 백담사 기본선원에 특별방부를 들였다. 그런데 상좌들은 오히려 크게 달가워하지 않는 것 같았다. 그래도 한철 내내 도반, 영진 선사와 아침공양 후에 백담천 숲길을 걸었다. 잊을 수 없는 선열의 포행길이었다. 포행하면서 느낀 감상을 적은 글이다.

69
있다 없다

본무생사本無生死란 본래 생사가 없다는 말이다. 당나라 때 서당지장 선사가 계셨다. 하루는 마을 선비가 찾아와서 물었다.

"천당이 있습니까?"

"있지요."

"지옥이 있습니까?"

"있지요."

"생사가 있습니까?"

"있습니다."

물어보는 대로 다 있다고 했다. 선비는 다시 물었다.

"스님께서는 지금 잘못 말하고 계신 것이 아닙니까?"

"나는 잘못 말한 것이 없습니다."

지장 선사가 선비에게 물었다.

"혹시 나를 만나러 오기 전에 다른 분을 찾아뵙고 무슨 말씀을 들은 적이 있습니까?"

선비가 대답하길, "며칠 전에 경산 선사를 찾아뵈었는데, 그분의 말씀이 본래 천당도 없고, 지옥도 없고, 좋은 것도 나쁜 것도, 사는 것도 죽는 것도 모두 없다는 것입니다. 참다운 진리에는 본래 이런 것들이 존재하지 않는다고 했습니다. 그런데 지금 선사께서는 모두 다 있다고 말씀하시니 이것이 어찌 된 일입니까?"라고 하였다.

지장 선사는 다시 묻기를, "경산 스님한테 상투가 있습니까?" 했다.

"스님에게 무슨 상투가 있겠습니까. 당연히 없습니다."라고 대답했다.

지장 선사가 "그러면 당신에게는 상투가 있습니까?"라고 물었다.

선비는 "저는 상투가 있습니다."라고 했다.

이에 지장 선사는 "바로 그것입니다. 경산 스님에게는 상투가 없고, 당신에게는 상투가 있습니다. 경산 스님은 견성성불을 해서 생사와 지옥, 천당이 모두 없는 경지에 들어갔습니다. 그러니까 모두 없다고 한 것이 옳은 말입니다. 그러나 당신은 아직 그 세계에 들어가지 못했습니다. 그런 까닭에 당신에게는 생사와 지옥, 천당이 그대로 다 있는 것입니다." 이렇게 친절하게 일러주었다.

선비는 드디어 알아차렸다. 본무생사本無生死의 도리를 깨달았다.

세상에 많고 많은 사람 밖의 보물만 탐하고 자기 안의 자가自家보물 알지 못한다. 무진보물 감춰두고 허깨비 보물찾기에 정신이 없구나. 생각을 돌려 안을 돌이켜 비추면(廻光返照) 무량광명 빛나고 있다네.

70
천년을 하루같이

사랑하는 사람아.
하늘길이 처음 열리고
강물이 바다를 향해 춤출 때
오로지 한 마음 밝히어
우리 돌아갈 곳 어디메뇨.

천년을 하루같이 숨죽여 기도한 날
님을 우러러 오직 비워둔
떨리는 가슴으로 밝히는 촛불.

차마 우리 아프다 하지 말자.
사바의 언덕을 천만 번 나고 죽어
서로 다른 그림자로 만나더라도
미타의 품이요, 관음의 둥지인 것을.

오늘 저문 날 세상에서 가장

아름다운 피안의 미소 머금은

백의관음 해맑은 자태로

노을빛 고운 옷 어여삐 단장하고

살포시 내려와 꽃송이 내미는 님이여.

내 문득 향수해 건너

수미산 꼭대기에 올라

님의 이름 목 놓아 부르리.

천 손 천 눈의 관자재여.

칠불암 신선대 마애관음은 너무나 어여쁘다. 하늘에서 막 하강하여 꽃송이를 들고 모든 중생을 굽어 살핀다. 어린 시절 신선대 관음보살 앞에서 간절한 기도를 올렸다. 삭풍 속에서 시린 손을 아랑곳하지 않고 관세음을 불렀다. 그럴 때면 마치 허공중에 서서 목탁을 치고 있는 것으로 착각이 들곤 했다. 허공같이 텅 빈 마음에 애인으로 하강하신 관세음이시여.

신선대 관음보살상 앞에서.

71
설매화 雪梅花

설매화
雪梅花

昨日下雪惚白境　작일하설홀백경
今瞧臘梅沒雪景　금초납매몰설경
莫存分別雪與梅　막존분별설여매
刮目一枚雪梅花　괄목일매설매화

설매화

어제는 눈 내려 백색경계 황홀하더니
오늘 매화꽃을 본즉 눈풍경 사라졌네.
겨울눈과 봄매화 분별하지 말라.
눈 비비고 보니 설매화 한 송이 핀 것을.

눈사람 바람 불어도 춥지 않고, 매화꽃은 눈 속에서 향기롭다. 늦겨울 눈 내리고 매화향기 짙은 어느 날, 설매화 한 송이 곱게 피어 있더라. 설매화 하나 따다 설매차 한 잔 우려 칠불암 부처님께 올리옵고.

자고 일어나니 설매화가 환상이다.
혼자 보기 아까워 벗을 청하려 하나
봄빛이 무정하구나.

이른 봄 설매화를 바라보며.

72
봉암사에서

鳳巖曦陽選佛場　봉암희양선불장
青衲何關向上句　청납하관향상구
月峰寒泉飄梅香　월봉한천표매향
歸鄉當牛報劫恩　귀향당우보겁은

봉암사 희양(태고)선원 부처를 선발하는 도량
청납은 어느 공안에 향상 일구를 짓는가?
월봉의 시린 샘에 매화향기 흩날리는 날
고향으로 돌아가 소가 되어 시은에 보답하리.

망상 피워 적은 잠꼬대
헛된 소리 말도 많다.
글 가운데 선지가 있네 없네
공연히 시비 거리 삼지 말라.

문자 이전에 알아차린 사람은
설사 부처의 말이라도
어린아이 울음 달래는
누런 나뭇잎인 줄 알아
시비의 성을 쌓지 않는다.

선방에 앉아 졸려서 소박한 망상 하나 피워보았다. 고향으로 돌아감이 일 마친 사람의 경계이다. 한 마리 물소가 되어 다생겁에 입은 은혜 갚음이 수좌가 할 일이다.

봉암사 태고선원(희양선원) 동안거 결제를 마치고 은혜 입은 단월들에게 망상편지 한 장 띄운다.

어느 해 정초 1月 16日 언양토굴에서.

73
불이중도不二中道

　중생의 마음자리는 항상 텅 비어 고요한(空寂) 가운데 신령한 지혜(靈知)가 어둡지 않다. 공적영지空寂靈知란 텅 비어 고요하되(空寂) 신령한 지혜가 있고(靈知), 신령한 지혜가 있되(靈知) 텅 비어 고요한(空寂) 불이중도不二中道의 경지를 말한다. 『금강경오가해』에서 야부 스님은 고요함(靜) 가운데 움직임(動)이 있고, 움직이는 가운데 고요한 동정일여動靜一如의 중도를 도솔종열 선사의 게송을 차용해 이렇게 표현하고 있다.

竹影掃階塵不動　죽영소계진부동
月穿潭底水無痕　월천담저수무흔

대나무 그림자 섬돌을 쓸어도 먼지 한 점 일지 않고
달빛이 연못바닥을 뚫어도 물에는 자취가 남지 않네.

송대 와운 선생이라 불린 관사복은 전원에 몸을 숨기고 살아가는 선비였다. 당시 황제가 그를 불러 "경이 전원에 살면서 얻은 것이 무엇이냐?"라고 하니, 이렇게 대답하고 있다.

滿塢白雲耕不盡　만오백운경부진
一潭明月釣無痕　일담명월조무흔

둔덕에 가득한 흰 구름은 갈아도 끝이 없고
연못 속의 밝은 달은 낚아도 자취가 없네.

마음이라는 것은 쓰고 써도 걸림이 없고, 빛나고 빛나도 자취가 없다. 갈아도 끝이 없는 구름을 벗 삼아, 낚아도 자취 없는 물속의 달을 품은 선자여! 오늘 밥알 없는 밥을 먹고, 걸음 없는 걸음을 걸어보자.

북경 광제사 한인법회에서.

74
취설화 醉雪花

취설화
醉雪花

餠雪紛霏子正更　병설분비자정경
能仁師兄坐禪定　능인사형좌선정
七斤法妹未斷燭　칠근법매미단촉
草堂何醉雪花睏　초당하취설화곤

눈꽃에 취해

함박눈 흩날리는 자정 삼경에
능인당 사형은 좌선삼매에 들고
칠근루 누이는 아직 불 끄지 않았는데
초당은 어찌 눈꽃에 취해 졸고 있나.

능인당은 수덕사 위 덕숭산 정상 가까이에 위치한 비구선원인 정혜사 능인선원으로 만공 선사가 선풍을 드날린 곳이다. 칠근루는 수덕사 옆에 있는 비구니선원인 견성암선원이다.

능인이란 부처님을 능인적묵각能仁寂黙覺이라 부르는 데서 붙인 이름이고, 칠근루七斤樓란 수행자가 수행을 제대로 못하면 죽어서 소가 되어서, 시주들에게 한 번에 일곱 근씩 살을 베어주어야 그 빚을 갚을 수 있다고 하는 설화에 기인한 말이다. 내일 날 밝으면 능인선원 대중들과 눈 쓸며 내려가 견성암 누이들께 차 한잔 얻어 마셔야겠다.

어느 해 동안거에 수덕사 소림초당에서 안거 중에 적다.

75
오늘 지금 여기

내 인생에서 가장 행복한 날은 언제인가.

바로 오늘이다.

내 삶에서 절정의 날은 언제인가.

바로 오늘이다.

내 생애에서 가장 귀중한

날은 언제인가.

바로 오늘 '지금 여기'이다.

어제는 지나간 오늘이요,

내일은 다가오는 오늘이다.

그러므로 '오늘' 하루하루를

내 삶의 전부로 느끼며 살아야 한다.

- 『벽암록』 -

멈춰라. 그러면 보일 것이다. 그쳐라. 그러면 편안할 것이다. 언제나 지금 여기를 살아라. 지금 여기가 바로 오늘이다. 깨어 있는 사람은 만년을 살아도 오늘을 살 뿐이다. 과거는 지나가 얻을 수 없고, 미래는 오지 않아 얻을 수 없고, 현재는 찰나일 뿐 얻을 수 없다. 얻을 수 없는 그 마음에 놀아나지 말라. 마치 뿌리 없는 나무를 심어놓고 꽃과 열매를 취하려는 것과 같다. 마땅히 머문 바 없이(應無所住) 그 마음을 내어라(而生其心).

진리는 지금 여기이다. 천만겁이 흘러가도 항상 지금 여기다. 오늘 지금 여기를 오롯이 살 줄 아는 사람이 참다운 수행자이다. 한 생각도 일어나지 않는 그곳에서 노닐어라. 밥은 먹었는가. 차나 한잔하세.

과거의 마음도 얻을 수 없고, 미래의 마음도 얻을 수 없고, 현재의 마음도 얻을 수 없는데 그대 어느 마음을 내 마음이라 하겠는가. 마음이란 그림자에 속아 사는 인생 고달프기 짝이 없구나. 나라는 허깨비에 속고, 마음이란 허깨비에 속고, 심지어 부처라는 허깨비에마저 속은 자가 산승인가 하노라.

원오 선사가 『벽암록』을 집필한 호남성에 있는 쇠락한 협산사 선당에서 천진 북경 학생불자들에게 띄운다. 고조사의 행화지를 참배하면서.

76
단막증애 但莫憎愛

至道無難　지도무난
唯嫌揀擇　유혐간택
但莫憎愛　단막증애
洞然明白　통연명백

도에 나아가는 것은 어렵지 않다.
오직 간택하는 마음이 허물이 되니
다만 미워함과 사랑함이 없어지면
훤하게 꿰뚫어 밝아지리라.

『신심명』의 첫 구절이다. 도가 무엇인가. 평상심이 도다. 최상의 도일지언정 평상심을 떠나 있지 않다. 평상심이 무엇인가. 자연의 마음(自然之心)이다. 자연이란 "스스로 그러함"이다. 스스로 그러한 마음이 바로 지극한 도에 나아가는 것이다. 스스로 그러함으로 어려울 것이 없다.

쉽게 말하면 세수하다 코 만지기요, 어렵게 말하면 꿈속에서 꿈임을 아는 것과 같다. 사실 도道 자체에는 어렵고 쉬움이 없다. 다만 쉽고 어려움은 사람에게 있는 것이다. 그래서 도에 나아가는 것 또한 어려울 것이 없다고 말한다.

간택한다는 것은 미혹한 경계에서 선과 악, 너와 나, 사랑과 미움, 좋고 싫음을 분별하여 취사선택함을 말한다. 미혹한 사람은 분별하고, 지혜로운 사람은 무분별 한다. 분별은 번뇌요, 무분별은 지혜이다. 어리석은 중생은 생각 생각에 분별하여 간택하니 찰나 찰나에 생사 윤회하지만, 깨달은 보살은 생각 생각에 분별을 쉬어 분별 없는(無分別) 분별을 하니 순간순간에 창조적인 보리심으로 살아간다.

이 세상의 일 가운데 반은 좋아하는 일이며, 반은 싫어하는 일이다. 좋아하면 소유하고 싶고 싫어하면 떨쳐내려 한다. 좋아하면 웃고 싫어하면 운다. 그래서 인생의 반은 웃고 반은 운다. 울고 웃다 다 보낸 인생 누구를 탓하겠는가. 울어도 집착이요, 웃어도 집착이다. 울고 웃는 집착을 멈추어라. 그리고 또한 집착 없이 울고 웃어라. 너를 위해 웃고 남을 위해 울어라.

사랑하는 사람은 못 만나서 괴롭고, 미워하는 사람은 만나서 괴롭다. 사랑과 미움을 동시에 놓아라. 일체를 통째로 놓고, 놓았다는 생각조차 놓아라. 그러면 거기에 모든 것이 참사랑이 될 것이다. 이른바 '인식의 전환'이 깨달음의 단초가 된다.

그러므로 승찬이 말했다.

"둥글기가 허공과 같아서 모자람도 없고 남음도 없거늘 진실로 버리고 취하는 까닭에 이르지 못한다."

지금 여기 취하고 버리는 생각 없는 이를 찾아도 찾을 수가 없다. 허공은 확연히 넓고 비어서 시비를 떠나 있고, 둥글고 묘하여 법계에 두루하니, 모자람도 남음도 없고 걸림도 없다. 가는 티끌 한 번 일어 만 가지 법 생기니 눈 속의 수미산이요, 귀 속의 바다로다. 문득 취하고 버리는 생각이 일어나면 시비가 덩달아 일어나고, 분별하는 마음이 약간만 움직이면 생사의 악마가 쏜살같이 달려온다. 만일 허공마저 부수어 버리면 어렵고 쉬움이 한결같아 오직 대천세계에 노니는 한가한 도인이라 하리라.

이 글은 벽송사에서 금강정진회 도반들과 나눈 이야기이다. 금강정진회는 청화 큰스님의 유발제자들이 중심이 되어 꾸려가는 아름다운 재가수행 결사체이다. 한국불교에서 손꼽히는 모범 수행공동체로서 한국불교의 희망이다.

77
일 없는 사람(無事人)

 차라리 무엇을 하는 것은 어려운 일이 아니다. 참으로 어려운 일은 아무것도 하지 않는 것이다. 며칠만 아무것도 안 하고 가만히 있어보라. 아무것도 하지 않을 줄 아는 사람은 일 마친 사람이다. 왜냐. 어떤 일도 다 할 수 있기 때문이다. 함이 없다는 것은 하지 않는다는 것이 아니라 하되 함이 없다(爲而無爲)는 말이다. 일 없다는 것은 일하되 한 바가 없다(事而無事)는 뜻이다. 함이 없고 일 없는 사람이 자유인이다.

世上事何是更難　세상사하시갱난
甚麽都不作卽是　심마도부작즉시
無爲無事最乘行　무위무사최승행
是故安居無事禪　시고안거무사선

세상의 일 가운데 어떤 것이 더욱 어려운가?
아무것도 하지 않는 것이 바로 그것이라네.

함이 없고 일 없음이 최상승의 행이니

그러므로 일 없는 선에 편히 머문다네.

몸은 사바세계에 머물고(身寄娑婆),

마음은 극락세계에 머무니(心寄極樂),

이것이 기기寄寄의 경계인가 하노라.

　　　　　　　　　　　　　　기기암선원에서 안거 중에.

78
무상신속 無常迅速

총총히 지나간 예순 해여
이것이 납승의 짧은 생인가.
이끼 낀 돌부처님 전에
천수千手를 만수萬手로 염하고
이뭣고 저뭣고 살핀 지
어제오늘 아니건만

번뇌 망념 저절로 익었으나
보리 정념 저절로 이루지 못하니
한평생 남의 돈만 세어본들
어느 세월 자가自家보물 활짝 열어
자성 심지心地에 불 밝히나.

물같이 흐르는 여생은
그대에게 묻지 않겠노라.

다만 하루해가 석양 노을에
걸려 있음을 볼 뿐이다.

고덕이 간절히 일렀다.
무상이 신속한데(無常迅速)
나고 죽음의 일이 크다(生死事大).

오늘 아침 거울 속에 비친
반백의 초로승에게 묻는다.
그대 본래 얼굴엔 어느 때
염화미소 번지겠는가.

세월이 화살이다. 애초에 화살을 쏘지 않았다면 세월이 흘러갈 일도 없으련만. 이미 쏜 화살이고 보면 과녁에 적중하는 일만 남았다. 내가 알고 있는 모든 님의 무사무탈 안녕을 위해 대세지보살님 전에 일심으로 두 손 모은다.

하안거 철을 나면서 기기암선원에서.

79
우주적인 삶

경에 설하기를 "어리석은 이에게 두 가지 모양이 있다. 어떤 것이 두 가지인가. 어리석은 이는 제가 할 수 없는 일은 하려 하고, 제가 할 수 있는 일은 싫어한다. 비구들이여, 이것이 어리석은 이의 두 가지 모양이다. 다시 비구들이여, 지혜로운 이는 할 수 없는 일은 하지 않고, 할 수 있는 일은 싫어해 버리지 않느니라."라고 하였다.

잣나무는 소나무를 시샘하지 않는다. 잣나무가 소나무가 되려고 함은 매우 어리석은 일이기 때문이다. 잣나무보다 소나무가 풍취가 더 있다고 말하는 것은 인간의 편견이다. 시인에게는 소나무의 운치가 더 좋은 시재詩材가 되겠지만 장사치에게는 잣나무의 열매가 훨씬 더 값지게 보일 것이다. 각자 제자리에서 묵묵히 자신을 가꾸는 것이 아름다운 삶의 모자이크가 될 것이다. 그래서 부처님은 "모든 생명에 불성이 깃들어 있다(一切衆生悉有佛性),"라고 말하는 것이다.

장미 같은 사람도 성불할 수 있고, 민들레 같은 사람도 성불할 수 있기 때문에 불성은 평등한 것이다. 사람은 누구나 평등하다. 잘난 사람, 못난 사람, 부자인 사람, 가난한 사람, 많이 배운 사람, 적게 배운 사람

등 천차만별의 사람들일지언정 근본생명에 있어서는 똑같은 가치를 지니고 있다. 이러한 근본생명의 가치를 완전히 드러내는 것을 성불이라 말한다.

　사람은 누구나 생명의 진리를 깨달아 삶과 죽음을 뛰어넘어 최고의 행복을 누릴 수 있음에도 불구하고 그것을 "할 수 없는 일"로 보고, 탐내고 성내고 어리석음에 젖어 자신을 돌보지 않은 채 괴롭고 무의미한 생을 살아가는 것을 마치 자신이 "할 수 있는 일"로 착각하고 있다. 우리들의 모습을 살펴보자. 잠시 존재하는 삶 속에서 천년만년은 살 것처럼 장생불사를 염원하여 몸에 좋다는 것이면 온갖 해괴한 음식을 가리지 않고 먹거나 심지어 불로초를 구하고자 애쓰고 있다. 심히 어리석은 일이다.

　육신의 생명은 한계가 있다. 마치 새 옷을 입고 얼마가 지나면 다시 새 옷으로 갈아입어야 하는 것처럼 우리의 육신은 태어나 늙고 병들면 죽음으로써 새롭게 거듭날 수 있는 것이다. 이것을 닫힌 마음으로 보면 윤회의 고통이겠지만, 열린 마음으로 보면 영원한 생명의 창조요, 해탈인 것이다.

　눈앞의 조그마한 일, 즉 할 수 없는 일, 모래성과 같은 일에 시간과 정력을 낭비하지 말고 보다 넓고 큰 안목으로 자신의 참생명의 가치를 돌이켜 보자. 이것이 바로 정법의 실천인 우주적인 삶이다. "부처의 경지를 알려고 하느냐? 너의 마음을 허공처럼 하여라."라고 하였다.

　세상은 온통 삿됨의 희소식만 기다리고 있는지 모른다. 삿된 종류의 사람은 다섯 가지 일로 그것을 알 수 있다. 웃어야 할 때 웃지 않고, 기뻐해야 할 때 기뻐하지 않으며, 사랑하는 마음을 내야 할 때에 사랑하는 마음을 내지 않고, 나쁜 짓을 하고도 부끄러워하지 않으며, 좋은 말을 들어도 마음에 새기지 않는다. 나의 행복은 다른 사람의 불행과 고통 위에 세워진 신기루가 아니어야 하며, 혹여 다른 사람의 성공이 나의 원망과 시기의 대상이 되어서는 안 된다.

출가 수행자의 삶은 마땅히 우주적이어야 한다. 아니, 온 우주의 삼천대천세계마저 한 생각에 가루로 만들어 한 입에 탁 털어넣고서는 눈 하나 깜작하지 않아야 한다. 온 우주가 환幻이요, 물거품임을 알아야 한다. 물거품이요, 환인 줄 알고서 온 우주를 가슴에 품고 제도한 바 없이 제도하여야 한다.

칠불암에서 밤하늘 별을 쳐다보며 망설을 주워 담아본다.

80
대지의 마음

발심한 보살은 대지와 같은 마음을 낸다. 대지는 모든 존재의 가장 밑자리에 위치하면서, 이 세상 모두로부터 짓밟히고 온갖 오물을 뒤집어쓰지만 조금도 원망하거나 싫어하는 마음을 내지 않는다.

대지는 가장 낮게 살아가되 모든 생명의 의지처가 되어주며 또한 모든 생명을 낳아 키운다. 대지는 어머니의 마음이요, 보살의 마음과 같다. 발심한 보살은 대지와 같은 마음으로 살아간다. 마음이 모든 것의 주인이요, 어머니다.

『심지관경』에 설하기를, "선남자여, 삼계 가운데 마음이 주인이다. 이 마음을 관하면 구경에 생사를 해탈할 수 있지만 마음을 관하지 아니하면 윤회를 벗어날 수 없느니라. 중생의 마음은 마치 대지와 같아서 오곡과 오과 등 모든 것이 대지에서 생산된다. 이와 같이 마음은 세간과 출세간, 선과 악, 오취, 유학과 무학, 독각, 보살 및 여래를 낳는다. 그러므로 삼계는 오직 마음이고 이 마음을 땅이라 하느니라."라고 하였다.

기본선원 학인이 와서 이것저것 여러 가지를 물었다. 묻는 것이 어설프다. 원래 묻는 것이 답하는 것보다 어렵다. 제대로 물을 줄 알면 이미 묻는 가운데 답이 있다. 그래서 선에서는 문답이 공부의 반이다. 즉문즉설의 선지가 아쉬운 시절이 되었다. 『심지관경』을 한번 열람할 것을 권했다.

81
마음의 주인

마음은 화가다. 온갖 그림을 그린다. 그림은 그림일 뿐, 그림에 울고 웃을 필요는 없다. 생각을 따라가지 말고, 생각이 일어나기 전 그 자리를 비춰 보는 것이 반조이다.

> 마음이 가는 대로 따라가서는 안 된다.
> 마음이 하늘도 만들고 사람도 만들고
> 극락도 만든다. 그러니 마음을
> 좇아가지 말고 마음의 주인이 되라.

『벽암록』에 나오는 말이다. 임제 스님도 "가는 곳마다 주인이 되면(隨處作主), 서 있는 곳이 다 진실된 세계이다(立處皆眞)."라고 말하고 있다. 이 마음이 어디로조차 일어났는가? 일어난 바 없이 일어난 이 마음. 인연으로 일어난 마음이므로 공空한 마음이다. 공심空心이란 고정되고 고

착되어 있지 않는 마음이기에 살아 있는 보리심이다. 그래서 청보리라고 부른다. 그대 마음이 청보리이다.

둘이 아닌 세상을 만드는 사람들께 당부하노니 봄햇살에 빛나는 꽃의 계절에 꽃보다 마음 챙기는 불자가 되기를 염원한다.

한산에서 초명사문.

82
조고각하 照顧脚下

맷돌을 돌리면 깎이는 것이 보이지는 않지만 어느 땐가 다하고
나무를 심고 기르면 자라는 것이 눈에 띄지는 않아도
어느새 크게 자란다.
덕을 쌓고 거듭 실천하면 당장은 훌륭한 점을 모르나
언젠가는 드러나고, 의리를 버리면 그 악한 것을 당장은
모른다 해도 언젠가는 망한다.
사람들이 충분히 생각하고 이를 실천하면 큰 그릇을
이루어 명예로운 이름을 남길 것이다.
이것이 고금에 변치 않는 도道이다.

- 영원유청 -

어떤 스님이 선사에게 물었다.
"달마가 서쪽에서 온 뜻은 무엇입니까?"

대답하기를, "발밑을 비춰 보라(照顧脚下)."라고 했다.

조고각하란 비단 발밑만을 비춰 보란 말은 아니다. '너 자신을 돌이켜 보라', '생각을 돌이켜 안을 비춰 보라(廻光返照)'는 말과 같은 의미이다. 조용히 비춰 보면 중생이 부처임을 알 수 있다. 눈에 보이는 것만이 다가 아니다. 맷돌을 돌리고 나무를 키우는 마음으로 도를 닦고 덕을 쌓는다면 언젠가는 이룰 수 있게 된다.

어릴 때 은사 스님이 경책할 때마다 늘 하시는 말씀이 "눈에 보이는 것도 제대로 못 하면서 눈에 보이지 않는 도를 어떻게 깨칠 것인가."였다. 지금 나도 모르게 이 말을 상좌들을 나무랄 때 곧잘 하고 있다.

발밑을 보지 못하면서 어찌 천 리 앞을 보겠는가.
발밑 경계가 대천의 경계이다.

안거 중 경주 칠불암에서 공양 온 불자들께 드린 말씀. 용성선원에서.

83
한산의 정원에 노닐다

유한산정
遊閑山庭

雲上仙境閑山庭　운상선경한산정
碧空深山雲水棲　벽공심산운수서
無人無事百花芳　무인무사백화방
滿月寒光爲道侶　만월한광위도려
參話耕畑一種足　참화경전일종족
本分一事昨夜夢　본분일사작야몽
何用勤勤下界情　하용근근하계정

한산의 정원에 노닐다

구름 위 신선 경계 한산의 정원
푸른 하늘 깊은 산에 운수납자 깃드니

찾는 이 없고 일 없어 꽃은 만발한데
둥근 달 밝은 빛 도반이 되어
참선하고 채전 일궈 한 끼면 족하네.
본분 일대사가 어젯밤의 꿈이려니
무엇하러 세간의 정에 기웃거리나.

한산에 들어 따로 할 일 없어 한가하다.
함이 없고 일 없음이 납승의 경계인데,
어린 사미 공연히 아랫마을 기웃거린다.

하안거 중에 작은 망상 피워 적은 글을 단월대중에게 보내다.

84
한 생각 청정한 마음

   한 생각 일어날 때마다 생각에 휘둘리지 말고, 일어난 생각을 돌이켜 비춰 보라. 좋다 싫다 밉다 곱다는 개념이 일어나기 이전 자리, 여기가 그대들이 머물 자리이다. 생각의 노예를 멈추고 고요히 앉아 일념으로 참구하라.

若人靜坐一須臾　약인정좌일수유
勝造恒沙七寶塔　승조항사칠보탑
寶塔畢竟碎爲塵　보탑필경쇄위진
一念淨心成正覺　일념정심성정각

만약 사람이 잠깐 동안이라도 고요히 좌선한다면
모래 수와 같은 칠보탑을 쌓는 것보다 수승하다.
보탑은 마침내 부서져 티끌로 돌아가지만
한 생각 청정한 마음은 정각 이뤄 부처가 된다네.

- 문수보살 게송 -

사람들은 한평생 경계에 끄달려 천만 가지 생각으로 울고 웃으며 살아간다. 언제 한번 생각을 반조하여 자성을 비춰 본 적이 없다. 밖을 향해 경계를 취해 나를 삼고 끊임없이 고뇌한다. 잘해야 복을 짓고 복을 까먹는 일, 오욕락에 빠져 허우적거리다 허송세월 백발이 잠깐이다.

다행히 금생에 불법문중에 들어왔다. 업력業力을 돌이켜 원력願力으로 나아가고, 업생業生을 돌이켜 원생願生으로 나아가자. 한 생각 번뇌 망념을 돌이켜 보리 정념으로 돌아가야 한다.

"부모에게 태어나기 전 본래면목이 무엇인가?" 그대의 참모습이 무엇인가. 화롯불에 날리는 한 점 눈(紅爐一點雪) 같은 허상에 목숨 걸지 말고, 존재의 참모습을 깨달아 생사를 벗어나 해탈락을 누려보자. 이것이 무엇인가(이뭣고)? 이 일념의 참구가 부처가 되는 씨앗이다.

업력을 돌이켜 원력으로 나아감이 보살이다.
업생을 돌이켜 원생이 됨이 정토이다.

초명사문 월암이 하안거 중에 인연대중들께 안부를 물으며 소식 전하다.
두루 청안하십시오.

85
여사인如死人

　이제야 진달래 피니 한산에 봄이 왔다. 진달래 피고 지는 것을 몇 번이나 보았던가. 세월 속에서 세월을 벗어나려면 여사인如死人이 되어 한 번 크게 뒤집어야 한다네. 거꾸로 매달린 인생 바로 뒤집음이 안심입명이다.

　　　　마치 죽은 사람이
　　　　모든 것을 버려서
　　　　고요하듯이
　　　　좋다, 나쁘다 하는
　　　　일체의 분별을
　　　　모조리 떠나서
　　　　세상만사 모든 것에
　　　　분별이 없어진 다음에야
　　　　세상만사와 하나 되어도

어긋남이 없게 된다.

- 『벽암록』 -

  좋고 싫음을 초월한 사람이 법계와 하나 된 사람이요, 세상을 벗어나 해탈한 사람이다. 욕심에 있되 욕심을 떠나고, 번뇌하되 번뇌를 벗어난 사람이 자유인이다.
  이제야 한산에 진달래 만발하고 연두의 새싹이 솜털을 벗고 있다. 둘 아닌 세상 가족들의 강녕과 안심을 빌며, 깊은 산 여린 꽃들의 잔치 소식을 담아 한 장의 엽서를 띄운다.

  죽은 사람이 된 것처럼 하여 모든 육근 육진의 경계를 쉬고 공부에 하나 됨이 여사인如死人이다. 여사인이 되어 공부 한번 제대로 해보자.
  사무쳐야 한다. 미치지 않고는 세간의 일도 이룰 수 없다. 하물며 생사대사를 어찌 사무치지 않고서 돈망할 수 있겠는가.

오월초 한산에서.

86
산산수수 山山水水

한 생각 일어나면 먼저 잘 분별하고 그 분별을 따라가지 말라. 분별 이전에서 분별해라. 그래서 분별의 그림자를 걷어내라. 그러면 생각과 경계가 고요하여 삼매가 되나니.

是是非非都不關　시시비비도불관
山山水水任自閑　산산수수임자한
莫問西天安養國　막문서천안양국
白雲斷處有靑山　백운단처유청산

옳으니 그르니 모두 내려놓고
산은 산대로 물은 물대로
스스로 한가하게 두라.
서방극락이 어디냐고 묻지를 마소,
흰 구름 걷히면 청산인 것을.

- 임제 선사 -

『신심명』에 보면, "잠깐이라도 시비를 일으키면(纔有是非) 어지러이 본 마음을 잃으리라(紛然失心)."라고 했다. 시비분별심이 생기면 자기 자성을 잃어버린다는 것이다. 시비 가운데 있되 시비를 떠나고, 욕 가운데 있되 욕을 떠나는 것이 연화장보살이다.

산철을 보내며 산산수수의 경지에서 노닐기를 빌어본다.

산수 간에 홀로 앉아서.

87
추위와 더위가 죽는 곳

추위와 더위는 인생의 동반이다. 추위가 오면 춥고 더위가 오면 덥다. 이 당연함이 괴로우니 어찌하랴.

동산 선사에게 한 스님이 물었다.
"추위와 더위가 닥치면 어디로 피해야 합니까?"
"어째서 추위와 더위가 없는 곳으로 가지 않는가?"
"어디가 추위와 더위가 없는 곳입니까?"
"추울 때는 추위가 그대를 죽이는 곳이고,
더울 때는 더위가 그대를 죽이는 곳이다."

춥다, 덥다 하는 생각도 하나의 분별이다. 추위와 더위의 분별이 없는 곳이 어디인가? 춥다, 덥다고 하는 생각은 그대가 만든 분별이다. 춥다 덥다는 생각 이전 자리로 돌아가라. 추울 때 "추워 죽겠다."라고 말하고, 더울 때 역시 "더워 죽겠다."라고 말한다.

   추울 때 추워 죽는 그 자리는 춥지 않고, 더울 때 더워 죽는 그 자리는 덥지 않다. 춥다, 덥다는 분별이 죽는 자리로 곧바로 돌아가라. 분별 이전 본래 자리는 춥지도 덥지도 않는 곳이다.

한 번 죽어서 다시 살아남(死中得活)이 납승의 명줄이다.
살아서 죽어야 하고 죽어서 살아야 기특한 선자이다.
더울 때 더워서 죽고, 추울 때 추워서 죽자. 죽어야 산다.

88
하안거 해제일에

시간이 총총하여
결제하면 바로 해제요,
해제하면 금방 결제다.
삼 하안거가 꿈결에 지나가서
오늘 또 해제를 맞이한다.

옛 스승이 말하기를
견성성불 하는 그날이
진정한 해제날이라더니
아직도 화두는 별이 되어
허공을 맴돈다.

신발을 거꾸로 신고
눈썹에 매달린 망념 따라
어두운 밤길을 헤맨다.

하안거 동안 보내주신 정성과 보살핌에 감사드린다. 안거 중에 피운 망상 한 조각을 짧은 글로 적어서 보살펴주신 은혜에 조금이라도 보답하고자 한다.

日日對鏡我見我　일일대경아견아
能視所現都非我　능시소현도비아
今此忽破面鏡盡　금차홀파면경진
卽見萬象無非我　즉견만상무비아

날마다 거울 대해 내가 나를 본다.
보는 나도 보이는 나도 모두 내가 아닌데.
지금 여기 문득 거울마저 깨트려 버리니
만상이 나 아님 없음을 바로 보았네.

정유년 하안거 해제일에.

89
일야현자

과거를 따라가지 말고
미래를 기대하지 말라.
한번 지나가버린 것은 버려진 것.
또한 미래는 아직 오지 않았다.
이러저러한 현재의 일을
이모저모 자세히 살펴서
흔들리거나 움직임 없이
그것을 잘 알고 익히라.

오늘 할 일을 부지런히 행하라.
누가 내일의 죽음을 알 수 있으랴.
진실로 저 염라왕의 무리들과
싸움이 없는 날 없거늘
밤낮으로 게으름을 모르고
이같이 부지런히 정진하는 사람

그를 일러 참으로 한밤의 현자라 한다.
고요한 성자라 한다.

『일야현자경』의 말씀이다. 잘 것 다 자고, 쉴 것 다 쉬면서 정진하고 있다고 한다면 자기를 속이는 것이다. 정진에는 낮과 밤이 따로 없다. 부지런히 정진하는 불자가 되자.

천성산 송학사에서.

90
마음을 거울처럼

지인至人은 마음을 거울처럼 쓴다.
오는 사물을 맞아들이지도 않고,
사물이 이르지 않았는데 마음을 보내지도 않는다.
응하지만 저장하지 않기 때문에
사물을 이겨내고 마음을 상하지 않는다.

- 『장자』 -

    도를 깨달은 사람은 그 밝은 마음이 거울과 같다. 대상이 오면 그대로 비추지만 무엇을 바라는 것이 없기에 취함이 없다. 그렇다고 해서 대상이 아직 비치지도 않았는데 미리 먼저 마음을 일으키지도 않는다. 사물이 거울에 이르면 명백하게 분별하지만 분별을 따라가지 않기에 그 자취를 남기지 않아 옳음·그름의 시비가 끊어졌다.
    이와 같이 마음을 텅 비워서 어떠한 대상이 오더라도 있는 그대로 응하므로 그 대상에 끄달리지 않고, 그 대상은 거울에 생채기 낼 수 없다.
원숭이마다 옛 거울 하나씩 가지고 놀고 있는데 까맣게 잊고 있구나.

보되 보는 대상이 하나도 없어야 진실로 봄이다.
상相이 공空함을 일러 성性이라 한다.
일체의 대상을 봄에 공하여 보는 것이 없어야 견성見性이다.

한산사 선유안심법회에서.

본래 깨달아 있는 깨달음을 깨달으려고 하니
깨달음은 점점 멀어진다.
물속에서 물을 찾는구나.

온 누리에
달빛이로다

4장

91
산 다하고 물 다하고

중생의 본래 마음바탕은 저 허공과 같다. 마음바탕에서 일어나는 생각이란 저 허공에 떠다니는 한 조각의 구름과 같은 것이다. 우리의 마음이란 이 구름 덩어리들이 모여서 이루어진 것이다. 생각이 일어나기 이전 자리, 아무것도 없는 그 자리, 텅 비어 공한 마음의 실상을 마음바탕(마음자리)이라 한다. 그래서 생각 이전 자리인 마음자리는 생각이 일어나되 일어남이 없는 그 자리이며, 생각이 다한 자리이다.

閉關獨參無門則 폐관독참무문칙
黙然當到念不起 묵연당도념불기
山盡水盡念窮處 산진수진념궁처
一柱靈門兀兀輝 일주영문올올휘

폐관하여 홀로 무문의 공안을 참구하네.
생각 이전 자리에 묵연히 나아가니

산 다하고 물 다하고 생각마저 다한 곳에
한 기둥 신령한 문이 당당하게 빛나는구나.

화두란 생각 이전 자리로 돌아가게 하는 도구이다. 생각 이전 자리로 돌아가기 위해 구름 덩어리를 제거하는 것이 화두의 역할이다. 그렇다고 해서 생각 이전 자리인 마음자리를 실체적으로 이해해서는 안 된다. 구름이 구름 아닌 그 자리가 허공이며, 마음이 마음 아닌 무심의 자리가 마음바탕이기 때문이다. 이 도리만 깨우치면 살아가는 일상 그대로가 실상인 것이다. 그래서 부딪치는 모든 것이 도(觸目是道)라고 말하는 것이다.

위의 글은 무문관에서 반 철을 지내며 적은 것이다. 나중에 도반에게 보내어 가납을 청했더니, 망상 짓거리 한다고 한방 먹었다.

92
보리심을 일으키면

끝없는 윤회의 고통을 없애고
중생이 불행에서 벗어나기를 바라며
갖가지 행복을 누리고자 한다면
언제나 보리심만은 버리지 말아야 한다.

보리심을 일으키면
윤회의 쇠사슬에 얽매인
가련한 자도 보살이라 불리며
세간의 천신과 사람들이
함께 받든다.

모든 것을 금으로 변하게 하는
최고의 연금액처럼
깨끗하지 못한 이 몸뚱이를
부처님 몸으로 만들고

무가지보無價之寶로 바꾸려면
보리심을 견고히 잘 지녀야 한다.

온 누리의 으뜸이신 오직 당신
부처님의 한량없는 지혜로
온전하고 바르게 관찰하여
값진 보배로 인정하였으니,
중생계를 벗어나려고 하는 이들은
소중한 보리심을 굳건히 지녀야 한다.

- 『입보리행론』-

생사윤회의 중생계를 벗어나려고 하는 수행자는 마땅히 보리심을 내야 한다. 보리심이란 깨달음의 마음이요, 자비의 마음이다. 기필코 견성하여 모든 생명을 섬기고자 하는 신심과 원력이 보리심이다. 즉 사홍서원이 보리심이다. 보리심을 일으키는 것이 발심이다. 발심이 없이 수행하려고 하는 것은 배가 없이 저 언덕으로 건너가려는 것과 같다. 보리심을 가꾸는 보디사트바가 되어야 한다.

한산사 선유안심법회에서.

93
보천삼무 普天三無

천하에 내가 사랑하지 않는 사람이 없기를
천하에 내가 믿지 않는 사람이 없기를
천하에 내가 용서하지 않는 사람이 없기를

마음의 번뇌와 원망, 근심을 버리고
만인을 사랑하는 마음이 허공 가득하기를.

이른바 「보천삼무」는 관세음의 화신이라 일컬어지는 대만의 자재공덕회 회주 증엄 스님의 발원문이다. 스님은 불자들에게 "사랑으로 세상을 적시고, 매 순간 중생을 위해 살아라."라고 가르친다. 천 손, 천 눈의 실천으로 자비를 보이시는 화신보살을 모범으로 금생에 연습이라도 부지런히 해보자. 고양이를 밑그림으로 하여 고양이를 그리고 또 그리다 보면 문득 살아 있는 호랑이가 뛰쳐나오는 날이 있을 것이다.

관자재보살이 천 눈으로 다 보시고, 천 손으로 다 거두시니,

나의 두 눈이 천 눈 되어 다 보고,

나의 두 손이 천 손 되어 다 거두는 마음을 낼 때에야

비로소 관자재의 집에 들 것이다.

94
무념 無念

청매인오 선사의 「무념」이라는 게송이다.

   如以念念念 여이념념념
   念念非眞念 염념비진념
   將眞治妄念 장진치망념
   未苦無一念 미고무일념

   만일 생각으로써 생각을 생각한다면
   생각을 생각하는 것은 참다운 생각이 아니니
   참다운 생각으로 망령된 생각을 다스리면
   괴로움 일어나기 전처럼 한 생각도 없네.

한 생각 일어나기 전은 한 생각이 공한 자리이다. 무념이란 아무 생각이 없다는 것이 아니라, 생각하되 생각함이 없는 것이다(念而不念). 한 생각이 일어나도 일어난 바 없고, 일어나지 않아도 일어나지 않는 바가 없는 것이 중도정관中道正觀이다. 한 생각 미혹하면 생사요, 한 생각 깨달으면 해탈이다.

95
낙엽 구르는 소리

부처님이 현세에 설법하심은 중생이 망상하고 있기 때문이다. 백담사의 옛 이름이 한계사이다. 무문관 안에서 가끔 들려오는 낙엽 구르는 소리에 공연히 누가 왔는가 신경이 쓰이는 것은 공부가 깊지 못한 탓이리라.

고시를 좇아 한가함을 적어본다.

寒溪深谷探開窓　한계심곡탐개창
禪苑無跡雪風雪　선원무적삽풍설
關外時聞落葉轉　관외시문낙엽전
幾回錯認禪友來　기회착인선우래

한계사 깊은 골에 창문 열어놓고 기웃거린다.
선원엔 발자취 없고 눈바람만 흩날리는데,
빗장 밖에 때때로 낙엽 구르는 소리.

도반이 왔는가? 속은 것이 몇 번이던가.

무문관 방 안에서.

96
관왕지래 觀往知來

관왕지래觀往知來라는 고사성어가 있다.
관윤이 열자에게 말하기를,
"말이 아름다우면 곧 되돌아오는 그 울림도 아름다울 것이요,
말이 악하면 그 돌아옴도 악하다.
사람이 키가 크면 그 그림자도 클 것이요,
키가 작다면 그 그림자도 작을 것이다.
이름이란 것은 울림과 같은 것이요,
몸이란 것은 그림자와 같아야 하는 것이다.
그러므로 말을 삼가면 거기에 화합하는 사람이 있을 것이요,
행동을 삼가면 거기에 따르는 사람이 있을 것이다.
따라서 성인은 나간 것을 보고서는 들어올 것을 알고,
지나간 것을 살핌으로써 올 것을 아는 것이다(觀往以知來).
이것이 그들이 앞일을 먼저 알게 되는 이치인 것이다."

『인과경』에 설하기를, "과거 전생을 알고 싶은가. 지금 받고 있는 것을 보아라. 미래 내생이 궁금한가. 지금 짓고 있는 것을 보아라."라고 하였다.

옛것을 돌이켜 지금을 새롭게 하는 것을 온고지신溫故知新이라 한다. 그림자가 아름다워야 그 사람이 아름다운 법이다. 향기로운 사람이 그립다.

볼 것 다 보고, 들을 것 다 듣고, 먹을 것 다 먹고, 놀 것 다 놀고, 생각할 것 다 생각하고서야 어느 천년에 공부를 지어가겠는가.

한산에서 庵.

97
꿈을 깨야

삶도 모르는데 죽음인들 알겠는가.
삶 속에 비틀거리다 죽음 속으로 빠져드니
삶도 죽음도 꿈인 줄 어찌 알겠는가.
그만두자. 꿈을 깨야 꿈인 줄 알지.
꿈 깨고 꿈꾸는 사람 따로 있더라.

만나기만 하면 꿈해몽 좀 해달라고 조르는 분이 계신다. 꿈속에서 꿈을 꾸고 그 꿈을 해몽해달라니 참 딱하다. 하기야 꿈보다 해몽이라 하지 않았던가. 부디 꿈 깨고 꿈꾸시기를 바란다.
꿈속에서 자유로운 자가 깨어 있는 자이다.

봄 산철 어느 날.

98
생각 끊지 않네

한 스님이 와륜 선사의 게송을 외우고 있었다.

    와륜은 뛰어난 기량이 있어
    백 가지 생각 끊어 없애네.
    경계를 대해 마음 일으키지 않으니
    보리가 나날이 자라나도다.

혜능 선사가 거듭 이렇게 보이셨다.

    혜능은 뛰어난 기량 없어서
    백 가지 생각 끊지 않네.
    경계를 대해 마음 자주 일으키니
    보리가 어떻게 자라나리오.

- 『단경』 -

보리란 마음을 억지로 끊어 없애서 고요함이 아니라, 마음이 일어나되 그 마음이 공(空)한 줄 알아 휘둘리지 않음이다. 즉 생각이 일어나되 일어남이 없음이 보리이다. 마음이란 본래 일어남이 없으나 경계 따라 나타나니, 마음과 경계 둘 다 떠나면 한 덩어리 이루어 보리가 된다. 보리란 이름도 거짓으로 붙인 말이다. 혜능 선사 말한다. "한 생각 미혹하면 중생이요, 한 생각 깨달으면 부처라네." 거듭 말하기를, "앞생각에 범부지만 뒷생각에 부처라네."라고 하였다.

혜능 조사가 『단경』에서 들려주고 있는 금언이다. 이 한 생각이 어디로조차 일어났는지를 궁구하고 궁구하여 일어난 바 없이 일어난 줄 알면 그 자리가 일 마친 경계이다.

끊음도 없고, 끊지 않음도 없음이 보리라네.

가을 부산 우암사에서 『육조단경』을 강의하면서.

99
화두수행

    깨달음은 어려운 것이 아니다. 깨닫지 못하는 원인은 존재의 실상에 대한 의문이 없기 때문이다. 진정한 나의 정체성에 대해 의문을 가져보지 않고 그냥 몸 · 느낌 · 생각 · 앎 이런 것이 나 자신이라 알고 그것들을 좇아가기만 한다. 생각하고 말하고 행동하는 근원적 주체에 대한 자각이 있어야 한다. 언제나 생각을 좇아서 내달리며 생각이 지어낸 온갖 망상에 휘둘려 괴로워하고 있다. 깨닫기 위해서는 먼저 존재의 실상에 대한 의문을 가져야 한다. 생명의 참모습에 대한 의문은 참나를 깨닫기 위한 수행으로 나아가게 하는 원동력이 된다. 생각하고 말하고 행동할 때 다만 이렇게 간절히 물어라.

    지금 생각하고 있는 이것이 무엇인가?

    지금 말하고 있는 이것이 무엇인가?

    지금 일하고 있는 이것이 무엇인가?

    이 물음은 여태까지 생각을 좇아서 끊임없이 치닫던 마음을 생각과 대상으로부터 분리시킨다. 즉 생각과 나를 동일시同一視하던 것을 멈추고 생각의 주체에 대한 반조가 시작된다. 이 물음은 전 생활영역에서 진행되어야 한다. 앉고 서고 다니고 말하고 침묵하고에 상관없이 지속되어야 한다.

물론 처음부터 잘 되지는 않겠지만 중간에 다른 생각을 하다가도 알아차리는 즉시 "딴 생각 하는 이것이 무엇인가?"라고 하여 이 물음으로 되돌아가야 한다. 이렇게 지속적으로 물음이 이어지다 보면 어느 순간부터 힘쓰지 않아도 저절로 물어지는 날이 오게 된다. 화두수행의 관건은 이와 같이 저절로 물음이 지속되는 데 있다. 이것을 자연화두自然話頭라고 한다. 이렇게 되면 끊임없이 일어나던 생각(망상)들은 점점 뜸해지다가 어느 순간 힘을 잃게 된다.

그러다가 시절인연이 맞아떨어지면 자기도 모르게 생각이 끊어지면서 폭발하듯 깨달음이 찾아온다. 드디어 참나(부처)가 드러난 것이다. 이것이 견성성불이다. 가장 중요한 것은 깨어 있는 마음과 지속적인 의정이 하나 되게 하는 것이다. 깨달음은 누구나 가능하다. 왜냐하면 중생은 본래 깨달음(본각)을 가지고 있기 때문이다. 다만 이것을 확인하는 것이 깨달음(시각)이다. 이것이 화두참선의 핵심이다. 천겁 만겁 일어나던 중생의 업파랑이 하루아침에 쉬어지기 어렵다. 노력하고 또 노력하자.

이 글은 화두공부에 대한 한담거사의 물음에 답하는 간략한 글이다. 여러 선우들께 보내니 함께 이루어 갑시다.

한산에서 간화행자가.

100
무금선원無今禪院

백담사 선원이 무금선원無今禪院이다. 무금이란 지금(현재)이 없다는 뜻이다. 『금강경』에서 과거심도 얻을 수 없고, 미래심도 얻을 수 없고, 현재심도 얻을 수 없다고 하였다. 얻을 수 없는 마음을 깨치는 것이 무금선원의 종지이다.

雪嶽香雲雪紛紛　설악향운설분분
寒溪瑞光飛鳳頂　한계서광비봉정
百潭龍象眼青青　백담용상안청청
無今禪旨洗塵勞　무금선지세진로

설악의 향운계에 백설이 어지러운데
한계의 서상광은 봉정으로 날아오르고
백담의 용상대중 안목이 푸르고 푸르러
무금의 선지는 세상 번뇌 씻어주네.

마음이 없는데 시간과 공간이 어디에 있겠는가. 거짓으로 지어놓고 스스로를 옭아매는 것이 사람이다. 무심이 무금이다. 무문관 안에서 창문으로 보이는 설악의 풍설을 마음으로 읊어보았다.

겨울 독방에서 본 풍광이 아름답다. 안이 고우니 밖도 곱구나.

무문관에서.

101
원후취월猿猴取月

원후취월猿猴取月이라는 말이 있다. 달을 건지려는 원숭이들에 대한 우화이다. 『마하승기율』에 부처님께서 비유로 비구들을 훈계하신 고사가 나온다.

원숭이 한 마리가 놀다가 갈증을 느껴서 연못으로 달려갔다. 연못에 이르러 물을 마시려는 순간 하늘에 있어야 할 둥근 달이 연못 속에 잠겨 있는 것을 보았다. 깜짝 놀란 원숭이가 다른 원숭이 무리를 불러 모았다.

"큰일났다! 달님이 물에 빠졌다. 온 세상이 곧 어두워질 것이다. 그러니 우리가 서둘러 달님을 연못에서 건져내야만 한다."

원숭이 우두머리가 연못 쪽으로 늘어진 나뭇가지에 매달리고 차례로 500마리의 원숭이들이 앞 원숭이의 꼬리를 잡고 매달렸다. 맨 마지막 원숭이가 앞의 원숭이의 꼬리를 잡고 물속으로 들어갔다. 그 순간 나뭇가지가 부러져 원숭이 무리가 모두 물속에 빠져 죽었다.

하늘의 달이 물에 떨어진 줄 알았는데 원래 달은 하늘에 그대로 밝게 빛나고 있다. 하늘의 달은 그대로인데 천강마다 달이 비치니 달그림자 진실로 달이 아니로다.

우리 인생도 이와 같다. 실체 없는 명예와 이익, 사랑과 원한에 빠져 허우적거리다 결국 죽음에 빠져든다. 어리석은 원숭이 물속에 뛰어들고, 하루살이 불나방 불속에 날아든다. 물속의 저 달 애초에 허공을 떠나지 않았듯이, 우리의 마음달도 일찍이 자성을 여읜 일이 없다.

『관음예문』에 이를 비유한 게송이 나온다.

月磨銀漢轉成圓　월마은한전성원
素面舒光照大千　소면서광조대천
連臂山山空捉影　연비산산공착영
孤輪本不落靑天　고륜본불락청천

달은 은하수에 걸려 차츰 둥글어지니
밝은 얼굴빛을 놓아 대천세계를 비추네.
원숭이들 팔을 이어 달그림자를 잡으려 하지만
달은 본래 푸른 하늘에서 떨어진 적 없네.

원숭이 놀음에 놀아나지 말고, 가리키는 손가락이 아닌, 그 달을 보고 나면 하늘에도, 강물에도, 마음에도 달이 없음을 알 것이다.

달은 어디에 있는가. 온 누리에 달빛이로다.

102
이뭣고?

湛然空寂本無一物　담연공적본무일물
神靈光爀洞徹十方　신령광혁통철시방
更無身心受彼生死　갱무신심수피생사
去來往復也無罣碍　거래왕복야무가애
臨行擧目十方碧落　임행거목시방벽락
無中有路西方極樂　무중유로서방극락

맑고 공적하여 본래 한 물건도 없는데
신령한 빛이 밝아 시방을 꿰뚫었다.
다시 몸과 마음 생사를 받지 않아
오고 가고 나고 죽음에 아무런 걸림이 없도다.
떠나감에 눈을 드니 시방이 툭 트이었는데
없는 가운데 길이 있으니 서방극락이로다.

함허득통 선사의 임종게이다. 함허 스님은 척불이 시작되던 조선조 초기를 살다 간 분이다. 무학 대사의 제자로서 선교禪敎에 뛰어난 종장이며 온몸으로 척불에 맞서 싸운 원력보살이다. 『금강경오가해』 설의로 너무나 유명하다. 『오가해』 서설에 나오는 "이뭣고"이다.

> 여기 한 물건이 있으니
> 이름과 모양이 끊어졌으되
> 예와 지금(古今)을 꿰뚫어 있고
> 한 티끌에 처하되 육합*을 에워쌈이로다.
> 안으로 온갖 미묘한 것을 머금었고
> 밖으로 온갖 근기에 다 응하며
> 삼재*의 주인이 되고, 만법의 왕이 되나니
> 넓고 아득하여 그에 비길 것이 없고
> 높고 우뚝하여 그에 짝할 수 없다.
> 어찌 신비하지 아니한가.
> 어찌 그윽하지 아니한가.
> 없는 것이냐, 있는 것이냐.
> 나는 그 까닭을 모르겠도다.
> 이 한 물건이 무엇인가?

이것이 무엇인가? 잠이 깊이 들었을 때 어디서 안심입명 하고 있는가? 한 생각 일어나지 않는 그곳에서 안심을 얻으라. 본래 한 물건도 없는데 시방을 꿰뚫는 신령한 빛은 또 무엇인가? 참구하고 참구하자.

* 육합: 동서남북상하, 天地.
* 삼재: 천天 지地 인人.

103
그대로인 것을

어느 날 꿈인지 생시인지 알 수 없는 경계를 헤매다가 스스로 놀라 깨어났다. 꿈인가 생시인가.

    進不得也退不得   진부득야퇴부득
    碰到千崖尾追虎   팽도천애미추호
    死力一投全身亡   사력일투전신망
    驚覺還本臥牀身   경교환본와상신

나아갈 수도 없고 물러설 수도 없다.
앞은 천길 벼랑, 뒤는 쫓는 호랑이.
죽을힘 다해 한 번에 온몸을 내던짐에
놀라 깨니 본래 침상에 누운 몸 그대로인 것을.

꿈이 생시고 생시가 꿈이라고 조사가 일러주었건만 꿈 가운데서는 여전히 헤매고 있으니 그대 이름 중생인가. 꿈 가운데서도 성성하고 꿈 밖에서도 신령한 한 물건을 세워 그것을 찾고자 이뭣고 하고 있다면 아예 잘못된 길로 접어들었다. 꿈도 실다움이 없고 생시도 실다움이 없음을 깨닫는 것이 진정한 몽교일여夢覺一如의 경지이다.

영가 선사는 『증도가』에서 "꿈속에서는 분명하게 육도가 있더니(夢裏明明有六趣), 꿈을 깨니 텅 비어 대천세계마저 없더라(覺後空空無大千)."라고 설하고 있다. 도인은 꿈이 꿈인 줄 알고 꿈을 꾸니, 꿈이 생시요, 생시가 꿈인 불이중도不二中道의 삶을 사는 것이다. 지인은 꿈이 없다(至人無夢).

따뜻한 봄날 낮잠에서 깨어나 꿈인지 생시인지 혼몽지간에 고인의 "지인은 꿈이 없다."란 말의 진의를 생각하며 몇 자 적어보았다.

104
한 생각 의심

천 가지 생각 만 가지 생각을 한 생각으로 모아, 한 생각 돌이켜 이뭣고 하라. 한 생각 의심이 한 덩어리 의단이 되어 산을 보아도 산이 보이지 않고, 나무를 보아도 나무가 보이지 않게 하라. 화두 의심이 한 불덩이 되어 나를 태우고 천지를 태우면 문득 먼동이 밝아오리라.

사명유정 스님이 간화행자에게 주는 메시지이다.

증난법사
贈蘭法師

萬疑都就一疑團　만의도취일의단
疑去疑來疑自看　의거의래의자간
須是挐龍打鳳手　수시나룡타봉수
一拳拳倒鐵城關　일권권도철성관

난蘭법사에게 주다

만 가지 의심을 하나의 의심 덩어리로 뭉쳐서
의심해 오고 의심해 가면 스스로 깨달으리라.
모름지기 용을 잡고 봉황을 치는 솜씨로
한 주먹으로 철성관(화두)을 넘어뜨려라.

- 사명유정 -

중생은 의심함이 병이지만,
간화행자는 의심하지 않음이 병통이다.
천만 가지 생각을 하나의 의심 덩어리로 뭉치는 것이 경절문이다.

중흥사 선회에 참석한 불이선자들에게.

105
천자에게도 절하지 않고

조주 스님에게 어떤 납자가 물었다.
"어떤 사람이 출가한 사람입니까?"
"천자도 배알하지 않고 부모가 도리어 절을 한다."
임금이 와서 절을 하고, 부모에게 절을 받아도 눈 하나 깜짝하지 않는 공부가 있어야 명실상부한 출가자이다. 하루에 일만 금을 녹여도 빚이 되지 않는다는 말이 그 말이다.

백장 선사 회상에서 어떤 납자가 통곡을 하면서 법당으로 들어갔다. 이에 백장 스님이 묻기를, "무슨 일인가?"
"부모를 함께 잃었습니다. 스님께서 날을 잡아주십시오."
"내일 네놈까지 함께 묻어버려야겠다."

하택신회 선사가 법당에 들어가 종을 치고는 대중에게 말했다. "노승에게 고향소식이 왔는데, 부모가 모두 돌아가셨소. 대중에게 청하노니 '마하반야바라밀다'를 외워주시오."

대중이 막 앉으려 하는데 선사는 또 얼른 종을 치면서 말했다. "대중에게 수고를 끼쳤소."

● 설사 부모가 죽었다는 부고를 받았어도 인정에 끄달리는 업業이 아니라, 공부로 제도하는 원願이 될 때에야 참다운 출가 사문의 공부 자세라 할 것이다. 고금에 천지는 어질지 않다(天地不仁)고 하였다. 지금까지 인정으로 도를 이룬 도인은 하나도 없다.

가을 화엄사 강원에서 학인들에게.

106
홀로 정상에 노닐다

衲僧世外人　납승세외인
應出人我相　응출인아상
獨遊孤峰頂　독유고봉정
何繫好惡境　하계호오경

수행납자는 세상 밖의 사람이니
마땅히 나다, 남이다 하는 상을 여의어야 한다.
홀로 높고 높은 봉우리 정상에 노니나니
어찌 좋고 싫음에 얽매이겠는가.

 한 마음에 홀연히 경계가 다가오면 즐겁고(樂) 괴로운(苦) 한 생각 일어난다. 즐거우면 좋아할 것(好)이고, 괴로우면 싫어할(惡) 것이다. 좋으면 취하고(取) 싫으면 버리는(捨) 것, 이것이 집착이다. 한 생각이 일어나서 좋고 싫은 분별을 따라가면 집착하는 중생이 될 것이며, 한 생각을 돌이켜 생각 이전 자리를 비춰 보면(廻光返照) 선수행자가 될 것이다. 한 생각 일어나되 한 생각 이미 공(空)한 줄 알아서, 좋고 싫음의 분별 없이(無分別) 생각을 잘 쓰면 이는 깨달은 사람의 경계이다.

  시비는 시비로써 잠재워지는 법이 없다. 세상의 시비는 끝이 없다. 진정한 공부인은 시비를 놓아버린 그 자리에서 공부한다. 어느 한 철 정진 중에 시비가 일어나서 선당이 어지러웠다.

예부터 중국의 선방에서는 헤어질 때의 인사가 "다음 생에 만납시다."라고 한다. 넓은 천지에서 금생에는 다시 만날 수 없다는 염려에서 그랬을 것이다. 강서의 진여선원에서 복건의 용천선원까지는 만 리 길이다. 옛사람이 걸망 메고 걸어간 길을 따라 걸어 용천에 이르러니 용은 보이지 않고 샘물만 여전하더라.

복건성 복주 용천사 선원에서.

107
본지풍광 本地風光

阿彌陀佛在何方　아미타불재하방
着得心頭切莫忘　착득심두절막망
念到念窮無念處　염도념궁무념처
六門常放紫金光　육문상방자금광

아미타불이 어디 계시는가?
마음에 새겨 절대로 잊지 말라.
생각이 나아가고 생각이 다하여
생각 없는 곳에 이르면
육근문에 항상 자금색 광명 놓으리라.

나옹 선사가 평소 아미타불을 불러 왕생을 기원하며 염불수행에 전념하는 누이를 위해 지어 보낸 게송이다. 산승이 조작심으로 나옹 큰스님을 흉내 내어 적어보았다. 천하 선지식들께 삼십 방을 청한다.

彌陀念者是甚麼　미타념자시심마
疑團話頭切莫斷　의단화두절막단
能所一片心地開　능소일편심지개
一心卽現本地光　일심즉현본지광

아미타불 부르는 자 이것이 무엇인가?
한 덩어리 화두 의정 절대로 끊어지게 하지 말라.
화두 하는 자와 화두 함이 하나 되어 마음자리 열리면
한 마음 그대로 본지풍광 드러낼 것이다.

아미타를 부르는 자가 아미타임을 진작 알았다면
내 이름 내가 부르지 않아도 무방했을 텐데.
그래도 스스로의 이름 아미타를 일념으로 불러나 보자.

어느 봄날, 불이선자들에게 보낸다.

108
운수납자雲水衲子

중국 여러 곳을 행각하면서, 오늘은 이 고을에서 내일은 저 고을로, 이번 달에는 이 총림에서 내달에는 저 총림으로 구름 따라 물 따라 정한 바 없이 선지식 찾아 헤매던 시절이 있었다. 아마 강서성 구강에서 호북의 황매도량을 찾아가던 도중에 적어본 심경인 것 같다.

그때는 중국 도처에 교통사정이 열악해 행각이 그대로 고행이었다. 손에 든 지도와 짚고 다니는 지팡이가 안내자 역할을 할 따름이다. 중원中原의 하늘땅과 하나 되어 조사의 길을 밟아가던 시절이었다. 마음만 비우면 어느 곳에서도 자재하다. 고인古人의 시를 차운次韻하여 심사를 적어본다.

尋劍雲水客　심검운수객
雲山何處居　운산하처거
十方卽華藏　시방즉화장
但指錫杖處　단지석장처

마음 찾는 운수납자여!
청산과 백운 어느 곳에 머무는가?
시방세계 그대로가 화장세계인데
다만 지팡이 가리키는 곳일 뿐.

황매 문하의 우매한 납자가 황매를 찾아 길 떠난 지 오래되었다.
가는 길목 곳곳에서 황매의 소식을 듣는다.

황매 오조사를 향해 가면서.

109
눈나라

눈 없는 나라에 살면 눈이 동화 속 이야기이고, 눈 많은 나라에 살면 눈은 귀찮은 짐이 된다. 없어도 탈 있어도 탈, 이것이 중생의 살림살이이다. 있어도 그만 없어도 그만인 경지에서 살면 좋으련만.

雪裏加雪一雪國　설리가설일설국
雪人何掃自家寶　설인하소자가보
春光而然消雪否　춘광이연소설부
烹茶一椀喫雪芽　팽다일완끽설아

눈 속에 눈 내리니 온통 하나 눈나라.
눈사람이 눈 쓸어 뭣하랴. 자기 집 보물인 것을.
봄빛이 오면 저절로 눈 녹지 않겠는가.
한 잔의 설아차나 달여 마시자꾸나.

중국 오대산에서 겨울을 난 적이 있었다. 오대산은 청량도량이라 여름에 피서도량으로는 안성맞춤이지만, 겨울에는 너무 추워 많은 스님들이 남방으로 내려가기 마련이다. 북경에 살 때 겨울 한철을 작정하고 오대산에서 유일하게 선방이 있는 벽산사碧山寺에 방부를 들였다.

그런데 선방대중이 고작 열 몇 명밖에 안 되었다. 오대산이 원래 눈이 많이 오는 곳이기도 하지만 그해 겨울에는 온 천지가 눈으로 뒤덮인 모양새가 되었다. 사람들조차도 아예 눈사람이 된 꼴이었으니, 눈을 쓸 엄두를 내지 못하고 눈 속에서 살았다.

그래도 마당에 길은 내고 살아야 하는데, 그 길마저 쓸기를 포기해야만 했다. 군대에서도 눈이라면 진절머리 나는데 아무튼 평생에 맛볼 눈맛을 다 본 혹독한 한철이었다. 그 시절에 쓴 감상문이다. 숙제 다 했다.

오대산에 살면서 옛 스승 감산 선사의 유허지를 찾아 헤맨 일이 도로아미가 되었다.

중국 오대산 벽산사에서.

110
도솔삼관 兜率三觀

첫째. 여러 선지식을 참문하여 불법의 현지를 체득하는 이유는 오직 한 가지 자기의 성품을 깨닫고 성불하기 위한 것이다. 그런데 지금 그대의 성품은 어디 있는가?

둘째. 자기의 자성을 분명히 깨달으면 비로소 생사윤회를 해탈할 수 있다. 그러면 그대의 안광이 떨어질 때 어떻게 생사를 해탈할 것인가?

셋째. 생사를 해탈하면 어디로 가는지 알 것이다. 사대(지수화풍)가 흩어질 때 어디로 향해 가는가?

(평창)

만약 능히 이 세 질문에 바로 이를 수 있다면 곳곳마다 주인이리니 연緣을 대하는 것이 곧 근본이라. 혹 그렇지 못하다면 거친 음식은 배부르기 쉽고, 잘게 씹으면 굶주림을 면키 어렵다.

(송)

한 생각에 무량겁을 꿰뚫어 보니

무량겁의 일이 지금 여기에 있도다.

이 한 생각을 꿰뚫어 볼 수 있다면

지금 꿰뚫어 보는 자를 꿰뚫어 볼 수 있으리.

산승이 망설을 붙여본다.

제일관. 안도 아니요, 밖도 아니요, 중간도 아니다. 어디에 있는가.

제이관. 본래 생사가 없는데 어디서 해탈을 구하는가.

제삼관. 꿈에서 꿈인 줄 알고 꿈을 꾸는 이는 누구인가.

도솔종열 선사는 임제종 황룡파의 문손이다. 일찍이 "대나무 그림자 밤새 계단을 쓸어도 먼지 하나 일어나지 않고, 달빛이 바닷물에 비쳐도 흔적 하나 남기지 않는다."라는 명구를 남겼다.

111
한 밤 자고 가다

迎賓昨夕月　영빈작석월
送賓今朝日　송빈금조일
可惜一夜夢　가석일야몽
送迎日月交　송영일월교

어제 저녁 달빛에 임을 맞이하더니
오늘 아침 햇살에 임을 배웅해드리네.
아쉽구나. 하룻밤 꿈이여.
맞이하고 배웅함이 달과 해의 사귐이구나.

우리가 어릴 때는 집에 손님이 오면 반갑게 맞이하고 한 밤 자고 가라고 하는 것이 당연한 대접이었다. 그래서 요즘도 불자들이 오면 으레 한 밤 자고 가라고 말하곤 한다. 깊은 산에서는 어쩌다 오는 손님이 퍽이나 반갑다. 밥 먹고 차 마시고 산길을 포행하고 얘기 나누면 하루가 잠깐이다. 해와 달이 교차하는 짧은 시간에 맞이하고 배웅한다. 멀리 부산에서 온 대원해 일래향 등 불자들을 맞이하고 보내드리는 아쉬움에 몇 자 적어 부친다.

한산의 푸른 하늘 아래에서.

112
십이각 十二覺

생사가 본래 없으니 열반 또한 거짓 이름에 불과하다. 중생이 없으면 부처도 없고, 미혹이 없으면 깨달음도 없다.
청매 선사의 「십이각十二覺」을 음미해보자.

    覺非覺非覺 각비각비각
    覺無覺覺覺 각무각각각
    覺覺非覺覺 각각비각각
    豈獨名眞覺 기독명진각

깨달음은 깨닫는 것도
깨닫지 않는 것도 아니니
깨달음 자체가 깨달음 없어
깨달음을 깨닫는 것이네.
깨달음을 깨닫는다는 것은

깨달음을 깨닫는 것이 아니니
어찌 홀로 참 깨달음이라 이름하리오.

원숭이에게 족쇄를 채우면 뛰어다니는 것을 멈추고
뱀이 통에 들어가면 구부린 몸이 펴진다.
본래 깨달아 있는 깨달음을 깨달으려고 하니
깨달음은 점점 멀어진다. 물속에서 물을 찾는구나.

113
반야의 노래(般若歌)

마음으로 찾으면 흔적도 없지만

마음을 비워두면 언제나 역력하네.

앉고 눕고 다니는 그 가운데

한가할 땐 한가로우며 바쁠 땐 바쁘면서도

피곤하면 두 다리 뻗고 밥이 오면 먹네.

일상을 떠나지 않고 언제나 여기 있나니

한 줄기 서릿발 같은 밝은 빛은 감출 곳이 없네.

신령스러운 한 물건 눈앞에 있어

땅과 같고 하늘과도 같나니

눈으로 보고 귀로 듣지만

소리와 모습이 없어 가고 옴에

언제나 고요하기만 하네.

한 몸은 온 누리에 두루해 있고

한 생각은 능히 영겁에 섞이네.
성인과 범부는 모두 이 속에 있어
오랜 옛적부터 이것을 떠나지 않았네.

깊고도 미묘한 이 경전이여
이 세상 온갖 종교의 그 모든 경전들과
저 거룩한 성인들의 말씀들은
모두 이곳으로부터 흘러나왔네.

저 허공처럼 이 누리 모두 안았고
해와 달처럼 온 누리에 두루했네.
성聖과 속俗, 귀천을 묻지 말라.
그 모두 이 속에서 죽고 살고 하느니.

형체 없고 이름 없어 허공 같나니
우리 스승 임시로 바라밀이라 일컬었네.
마하반야바라밀이여,
분명히 보고 볼 때 한 물건도 없네.

이 산하대지는 환영과 같고
잘난 모습, 못난 모습 물에 비친 달그림자네.

이 모든 사물들은 공空 속으로 돌아가나니
이 공만은 영원히 멸하지 않네.
지금 어느 곳에서 저 눈뜬 이를 보겠는가.
달 지자 구름 되어 산의 옷이 되네.
척 보면 알 것이니 더 이상은 묻지 말라.
듣고도 듣지 못하는 귀머거리여.

얻기도 쉽지 않지만 지키긴 더욱 어려우니
움직일 때나 조용할 때나 그 본질은 그대로 있네.
저 허공은 오직 한 티끌을 허락하여
저 하늘에 얼음바퀴(달)가 만고에 차갑네.

눈병이 나서 시력에 장애가 오면
허공꽃이 어지럽게 날리는 것을 보네.
눈 속에 이 환영만 제거하면
하늘 꽃 없는 저 푸르름만 끝이 없으리.

나그네 꿈 깨고 잔나비 울음 그쳤나니
눈에는 가득한 맑은 바람 밝은 달이네.
몇 사람이나 이것을 샀다가 다시 팔았는가.
무궁한 풍류는 이로부터 비롯되었네.

눈에 닿는 모든 것이 진실이다(觸目而眞). 그래서 부딪치는 모든 것이 반야 아님이 없다. 함허득통의 「반야가」이다. 함허 선사는 너무나 훤출한 도인이시라 아무리 찬탄해도 다할 길이 없다. 우리 모두 이 반야의 노래를 염송하고 이대로 정견을 갖추고 참구해가면 반드시 반야바라밀을 성취할 수 있을 것이다. 지금 새 사람을 만나 보니 바로 옛사람 그대로인 것을.

마하반야바라밀.

114
여래여거 如來如去

未離兜率　미리도솔
已降王宮　이강왕궁
未出母胎　미출모태
度人已畢　도인이필

도솔천을 떠나지 않고서
이미 왕궁에 탄생하셨고
모태에서 나오지 않고서
중생구제 이미 마치셨네.

부처님 도솔천에서 와도 온 바 없이 오시니 그 이름 여래如來라 하고, 반열반에 드시어도 간 바 없이 가시니 그 이름 여거如去라 하시었다. 일체 중생 제도해도 한 중생도 제도된 바 없다더라. 조사가 말하였다. 하루 종일 밥을 먹어도 한 톨의 밥알을 씹은 적 없고, 온종일 돌아다녀도

한 걸음도 옮긴 적이 없도다. 꿈속에 온 천지를 돌아다녀도 이 몸은 침대에 그대로 누워 있더라. 불생불멸不生不滅!

형상(相) 가운데 있으면서 형상을 떠나고(無相),

생각(念)하면서 생각하지 않아서(無念),

어디에도 머물지 않음(無住)이 일행삼매一行三昧요,

일상삼매一相三昧이다.

북경 우거에서 북경한인불자들께 보내다.

115
영가이시여!

靈光獨曜迥脫根塵　영광독요형탈근진
體露眞常不拘文字　체로진상불구문자
眞性無染本自圓成　진성무염본자원성
但離妄念卽如如佛　단리망념즉여여불

신령스러운 광명이 홀로 빛나
육근과 육진을 멀리 벗어났고
바탕이 참되고 항상함을 드러내어
문자에 구애됨이 없도다.
참된 성품 오염됨이 없어
본래 스스로 두렷이 이루어졌으니
다만 망령된 반연만 쉬게 되면
곧바로 한결같은 부처라네.

- 백장 선사 해탈송 -

영가이시여!

살아 계실 때는 육근 육진으로 감응하셨는데, 오늘 사십구재를 당하여 육근 육진을 멀리 벗어났는데 무엇으로 감응하십니까. 지금 보고 계십니까. 듣고 계십니까. 보고 듣고 계신다면 보고 듣는 당처가 무엇입니까. 신령스러운 빛이 홀로 밝아 보되 본 바가 없고 들되 듣는 바가 없어, 보고 들음에 자재한 이것이 무엇입니까.

영가의 마음자리는 본래 생한 바도 없고, 멸한 바도 없어 불생불멸 그대로입니다. 참되고 항상한 바탕이 드러나서 말과 문자와 생각에 구애되지 않으니, 이때에 영가, 그대의 본래면목이 무엇입니까.

참된 성품이 물듦이 없어 스스로가 그대로 본래부처인데 고통과 즐거움, 나고 죽음이 어디에 있겠습니까. 다만 밖으로 치닫는 반연만 쉬어버리면 곧바로 여여한 부처님입니다. 옛 스승이 고구정녕 일러주신 이 도리에 한 생각 계합하신다면 눈앞이 바로 극락세계일 것입니다. 수연자재하소서.

빛을 숨기고 참생명을 담았기에 영가靈駕라고 부르고, 본래의 빛으로, 본래의 참생명으로 돌아갔기에 영가라고 한다.

대구 서봉사에서 사십구재 법문 중.

116
만 가지 경계를 따라

밖을 향해 구하지 말고, 안으로 비춰 보아라. 밖으로 치닫는 반연만 쉬어버리면 만 가지 경계가 고요하여 경계마다 능히 그윽하여 자재할 것이다. 경계를 따라 흘러가되 그 성품이 공함을 체득한다면 거기에 무슨 즐거움이 있고 또한 근심 걱정이 있겠는가.

心隨萬境轉　심수만경전
轉處悉能幽　전처실능유
隨流認得性　수류인득성
無喜亦無憂　무희역무우

마음이 만 가지 경계를 따라 구르나니
구르는 곳마다 모두 능히 그윽하도다.
흐름을 따라 성품을 깨닫게 되면
기쁨도 없고 또한 근심도 없어라.

양명 선생은 말한다. "어디 간들 도 아닌 것이 없고(無往而非道), 어디 간들 공부 아닌 것이 없다(無往而非工夫)."

성품을 깨닫게 되면 수연자재隨緣自在하여 세상에 좋고 나쁜 것이 다 나의 스승 아닌 것이 없게 된다(善惡皆吾師).

깨어 있어라. 경계 따라 춤추지 말라. 열려 있어라. 생각 따라 스스로를 가두지 말라. 기쁨도 근심도 그대를 어찌하지 못할 것이다.

옛날 학릉나 존자는 늘 주위에 오백 마리 학이 따라 다녔다. 그래서 스승 마라나 존자를 찾아 그 연유를 물었다. 마라나 존자가 전생인연을 살펴보니, 학릉나 존자가 전생에 오백 명의 제자를 거느리고 수행을 하고 있었다. 마침 용왕님이 학릉나 존자를 용궁으로 청해 공양을 올렸다. 뿔이 난 오백 대중이 "왜 스승님 혼자만 공양을 받습니까. 우리도 용궁에 들어가 공양청을 받고 싶습니다."라고 하면서 대중공사가 벌어졌다. 학릉나 존자가 용왕님께 부탁했다.

"나의 제자 오백 명도 용궁으로 청해 대중공양을 받게 해주십시오."

그러나 용왕님은 일언지하에 거절하였다. 이유인즉 오백 명 대중은 아직 용궁의 공양을 받을 만한 수행이 부족하다는 것이다. 이 사실을 알리자 대중들은 더욱 난리법석을 피웠다. 어쩔 수 없어 학릉나 존자가 다시 용왕님께 간청을 해 억지로 용궁에 들어가 공양을 받았다. 그 후 오백 제자는 수행력이 부족함에도 용궁의 공양을 수용한 과보로 죽어서 모두 축생의 보를 받아 학이 되었다. 전생의 인연을 잊지 못해 학이 되어서도 스승을 따라 날아다니게 되었던 것이다.

학릉나 존자가 슬피 울며 스승 마라나 존자께 못난 전생의 제자들을 제도해줄 것을 당부드렸다. 이때 마라나 존자가 오백 제자들을 제도하기 위해 설한 법문이 바로 위의 게송이다. 축생까지도 몸을 바꾸었는데 사람이야 말할 것이 있겠는가. 아미타불.

공양 받을 만하기에 공양을 받고, 공양 받을 자격이 없기에 과보를 받는다. 천하에 공양을 받는 자여, 새기고 새기자.

불이선 법회에서.

117
불이선不二禪 서원

불이선 서원

· 온 세상이 깨어 있음으로 둘 아니게 하리다.
· 온 세상이 친절로 둘 아니게 하리다.
· 온 세상이 나눔으로 둘 아니게 하리다.
· 온 세상이 뉘우침으로 둘 아니게 하리다.
· 온 세상이 해탈로 둘 아니게 하리다.
근심과 걱정, 번뇌와 망상을 벗어놓고
허공 같은 마음으로 모든 생명을 사랑하며
깨어 있고 열려 있는 삶을 살아가자.

축원

내 이름을 듣는 이는 악한 마음 없어지고
내 모습을 보는 이는 선한 마음 일어나서
내 생각을 하는 이는 스스로 깨달아지이다.

제방의 불이선자여. 이렇게 서원하고 이렇게 축원하며, 이와 같이 살고 이와 같이 수행합시다. 그런데 허공으로 허공을 삼킬 수 없고, 칼로 칼을 벨 수 없으며, 눈으로 눈을 볼 수 없다는 도리쯤은 알고 착수하세.

118
천진불天眞佛이라네

일숙각一宿覺이라 불리는 영가현각 선사는 본래 천태종 스님이었으나 조계 혜능을 한 번 참문하고 바로 인가를 받아 달마 정전 조사가 되었다. 이후 산속에 은거하면서 깨달음의 노래 『중도가』를 지어 후세 사람들을 깨달음의 길로 안내하고 있다. 『중도가』에 나오는 게송이다.

絶學無爲閒道人   절학무위한도인
不除妄想不求眞   부제망상불구진
法身覺了無一物   법신각료무일물
本源自性天眞佛   본원자성천진불

배움을 끊어 할 일 없는 한가한 도인은
망상을 없애거나 참됨을 구하지도 않는다.
법신을 깨달으면 한 물건도 없으니
본원의 자성 그대로 천진불이라네.

배움이 다한 무위 도인의 입장에서 보면 망상이 그대로 진성眞性이다. 깨닫고 보니 본래 한 물건도 없더라. 중생이 본래 자기고 있는 스스로의 성품이 그대로 천진불인데 어찌 다시 밖을 향해 구하겠는가. 얻을 바 없는 한 물건을 깨치는 것이 깨달음인 것을. 그래도 중생의 입장에서는 어찌 배우고 닦음의 방편을 세우지 않을 수 있겠는가.

세상의 학문은 채우는 공부이다. 그러나 불교의 공부는 비우는 공부이다. 비워라. 텅텅 비워라. 허공처럼 비워라. 텅 비우면 충만해진다. 그래서 '텅 빈 충만'이라고 한다. 텅 빈 충만에 이르면 채우고 비움이 둘이 아니어서, 채우되 비워지고 비우되 채워지는 불이중도가 된다.

채우고 비움에 자재함이 보살이다.

여름안거 반 철에 일숙각의 연유와 『증도가』 게송을 들어 소참하다.

119
둘이 아닌 세상

세존께서 열반하신 지 오래되어 말법의 시대를 맞이하였다. 정법은 쇠약해지고 사법이 횡행하고 있다. 삿된 법을 멀리하고 정법을 닦는 일은 희유한 불사가 아닐 수 없다.

부처님과 조사님들께서는 한결같이 일대사 인연을 설하셨다. 일대사 인연이란 바로 생사대사를 말함이니, 나고 죽는 일이 가장 큰 일이다. 불조의 가르침의 정의는 생사해탈에 있다. 무엇이 생사인가? 한 생각 생하고 멸함이 생사이다. 『열반경』은 설한다. "모든 존재는 무상하다. 이것은 생하고 멸하는 법이다. 이 생멸이 생멸 아님을 깨달으면, 곧 고요한 열반의 경지이다."

한 생각이 일어나되 일어난 바가 없고, 멸하되 멸한 바가 없음을 체득하는 일념수행이 바로 참선이다. 생사가 본래 공空한 경지를 체득하여 생사와 열반이 둘이 아닌 삶을 살아가는 것을 불이선不二禪이라 한다. 본래부처의 자리에 앉아 안으로 생사와 열반이 둘이 아님을 체득하고, 밖으로 고통과 해탈이 둘이 아닌 세상을 만들어가는 사람들의 결사체가 불이선회이다.

정법에 몸담은 불자들이여. 사람 몸 받아 태어나기 어렵고, 불법은 참으로 만나기 어렵다. 다행히 사람으로 태어나 선법禪法을 만났으니, 금생에 이 몸을 제도하지 못하면 다시 어느 생을 기약하겠는가.

고인이 말하였다. 참선을 하여 생사를 해탈하고자 하거든 모름지기 모든 것을 놓아버려라. 무엇을 놓아버려야 하는가. 즉시 이 생각을 놓아 버려라. 생각이란 마음의 그림자에 불과하다. 생각이라는 허깨비를 당장 놓아버리는 것은 바로 무량겁으로 익혀온 허다한 업식을 놓아버리는 것이다. 그리하여 언제 어디서나 자기의 코끝을 향하여 "이것이 무엇인가?"라고 참구하고 참구하면 홀연히 마음빛이 두렷이 밝아 시방세계를 비추게 될 것이다. 그때는 가히 나와 산하대지가 둘이 아니어서 능히 대지를 변화시켜 황금을 만들고, 강물을 저어서 감로수를 만들 수 있게 될 것이니, 이 어찌 평생이 쾌활하고 시원하지 않겠는가.

부디 망념의 환상에 빠져 중생살림에 허송세월 하지 말고, 선禪을 닦고 도道를 구해 부처의 살림을 살아보세. 설사 전륜성왕이 되고 시방세계를 한 손에 가진다 해도 이것은 다만 유위의 허상이라 죽음에 임하여서는 아무런 쓸모가 없다.

불자여. 우리 함께 불이선을 수행하여, 둘이 아닌 삶을 살고 둘이 아닌 세상을 만들어가는 만인만일결사萬人萬日結社에 흔연히 함께하자.

경주 중흥사 불이선회 만인만일결사 법사 월암 화남.

120
양피사讓避寺 옛 도량

그 옛날 월성 남녘에 화장세계 장엄하였으니
남산이란 별명의 금오산, 동녘에 칠불
서녘에 용장 천년 풍상 미소부처
하루같이 어린 중생 굽어 살피시네.

형제바위 우뚝 솟은 동녘 기슭 피리마실에
피리사와 양피사 이웃하여 있었다네.

중생 번뇌 여읜 그 자리 저 언덕에 피리도량 세우고
열반마저 떨쳐버린 이 언덕에 생사 중생 보듬코저
낙수자비 두 손 늘어뜨려 양피도량 세웠다.

천년 세월 엊그제인가. 생사 열반 둘 아니라고
불이不二세계 꿈인 듯하여 지금 여기 한결같이
마주보며 미소하는 쌍탑, 잊은 고사古寺를 더듬는다.

금일 산승 옛 인연 좇아 양피도량에 돌아오니
나고 죽음이 꽃밭이요, 번뇌마저 별빛이로다.

서라벌 사람들은 남산을 연화장세계라 여겼다. 산 전체에 가람을 세우고, 탑을 쌓고, 바위에 부처를 새겨 모시어 불국토를 장엄하였다. 새벽이면 온 산이 예불소리요, 낮이면 온 산이 염불소리로 가득했다. 바람 불면 풍경소리 넉넉하고, 비가 오면 연꽃향기 너그럽다.

남산 동쪽에 칠불암이 있어 소원을 빌고, 남산 서쪽에 용장사가 있어 설법이 무성하였다. 지금 남산동은 정토와 사바의 불이경계不二境界였다. 그래서 일찍부터 마을 이름을 피리촌(避里村: 사바의 고통을 피한 부처의 세계)이라 불렀다. 피리촌에 피리사避里寺를 세우니 지금의 염불사지가 그곳이다.

어찌 생사고통 피해서 열반에만 취해 있겠는가. 사바로 나아가 중생의 아픔 보듬는 서원의 보살은 열반으로 피避하는 것마저 사양辭讓하니 그 이름이 양피사讓避寺이다.

지금의 불탑사 문수선원 앞마당에 당당히 솟은 쌍탑이 이를 증명하고 있다. 칠불암 암주 예진화상은 전생의 인연인가. 남산에 들어 칠불암을 중수하고, 그 여력으로 중흥사를 창건하고, 옛 양피사 도량에 와서 불사를 짓게 되었으니 그냥 되는 일은 아닌 것 같다. 전생사前生事인 것이 분명하다.

피리에도 머물지 않고, 양피에도 머물지 않음이 무주행이고, 생사에도 머물지 않고, 열반에도 머물지 않음이 보살행이다.

옛 양피사 터에 나란히 솟은 쌍탑을 바라보며.

해탈이 무엇인가.
개미가 쳇바퀴 벗어남이요,
하루살이 허물을 벗어 버림이다.
자고 나니 날이 개었네.

천번 만번
나고 죽어도

5장

121
동자를 보내며

동자를 보내며

절간이 쓸쓸하여 네가 집생각 하더니
절집을 하직하고 구화산을 떠나는구나.
대 난간의 죽마타기를 즐겨 묻더니
불문에서 수행하기 게을렀지.
돌샘물 길으며 달 보기도 이제 그만.
차 달이며 꽃 희롱하기도 이제는 그만.
잘 가거라. 부디 눈물 흘리지 말고.
노승은 안개와 노을을 벗하리라.

- 지장보살 김교각 -

상좌를 보내며

어머니 간청에 돌아간다고 하더니
은애의 올가미가 법신을 삼키는구나.
인연 있어 절집에 들어왔건만
불법의 진수 알기도 전에 그만
애욕의 불꽃이 너를 앗아가는구나.
삼계는 불타는 집인데 아직
몽상夢想의 괴로움을 알지 못하니
불의 둔덕에 다시 제 발로 드는구나.
부디 몸과 마음 잘 건사해서
욕망 속에 있더라도 욕망을 떠나
재가 중에 출가로 살아라.
은사는 남은 인생 너를 위해 기도하마.

- 한산 월암 -

동짓달에 어린 상좌 한 명이 집으로 돌아갔다. 천생 만겁의 인연으로 공문空門에 들어왔건만 안타깝게 한산을 떠나갔다. 은사가 수행력이 부족한 탓인지. 겉으로는 무심한 척하지만 마음이 아프다. 어린 동자승을 떠나보내던 지장보살 교각 스님의 심정에 견줄 바는 아니지만 천하의 스승

된 자의 마음이 어찌 다를 수 있겠는가. 부디 육근이 청정하고 심지를 보존하기를 빌 뿐이다.

122
천당과 지옥

昨夜遊行天上樂　작야유행천상락
今朝焦心火湯苦　금조초심화탕고
喜憂苦樂夢裏事　희우고락몽리사
覺後何處天獄境　교후하처천옥경

어제 저녁 천상의 즐거움에 노닐더니
오늘 아침 화탕의 괴로움에 애태우네.
기쁨과 근심, 괴로움과 즐거움의
인생사가 꿈속의 일이거니
꿈 깨고 나니 어디에 천당지옥 있겠는가.

누구나 성공하고 실패하며, 울고 웃으면서 살아간다. 성공과 실패, 울고 웃음이 꿈속의 일임을 알면 웃을 때도 우쭐거림 없고, 울 때도 정녕 슬퍼하지 않는다. 천당과 지옥은 꿈속의 풍경인데. 높은 곳에 있을 때 조심하고, 낮은 곳에 있을 때 좌절하지 말아야 한다. 마음속에 그 어떤 물건도 저장하지 말라. 저장하면 지옥 같은 상처가 된다.

보이지 않는 곳에서도 홀로 삼가니 이를 '신독愼獨'이라 한다. 군자는 신독하여 항상 깨어 있는 자이다. 수행자도 마찬가지이다. 세상에 출세하는 사람은 많지만 출가하여 본성을 밝히는 사람은 드물구나.
통현봉 정상은(通玄峰頂) 인간세계가 아니다(不是人間).
마음 밖에 법이 없는데(心外無法), 눈 가득히 청산이로다(滿目靑山).

한 해 세상사를 바라보며 불이암에서 월암.

123
초발심이 정각을 이룬다

어떤 스님이 중봉 선사에게 물었다.

"지난날 세속에 있을 때 『법화경』 일곱 권 중 네 권을 외울 수 있었습니다. 그 뒤 생각하기를 머리 깎고 승복을 입은 후에는 출가 전에 외우지 못했던 나머지 세 권을 반드시 외우리라 다짐했습니다. 그러나 출가한 지 이십 년이 되었는데도 나머지 세 권을 외우기는커녕 출가 전에 외웠던 네 권마저도 잊어버릴 줄 누가 알았겠습니까?"

이에 중봉 선사가 말했다.

"집에 있을 때는 세속을 벗어나야겠다는 신심이 있었기 때문에 매양 뭔가 부족함을 느꼈었던 것이다. 그래서 아침저녁으로 부지런히 하여 네 권이라도 외울 수 있었다. 그러나 출가의 목적이 이루어지자 마음이 방일하고 자만해져 외워두었던 것까지 모두 잊어버리게 된 것이다."

행자 되니 출가 전보다 못하고
사미 되니 행자 시절보다 못하고

비구 되니 사미 때보다 못하고
구참 되니 신참 시절보다 못하다.
경계하고 또 경계해야 한다.
생각 생각, 걸음 걸음에 공부(화두)를
놓지 않아야 진정한 공부인이다.
초발심에 정각을 이룬다는 말이 옳다.
날마다 초발심 행자가 되자.

갈수록 나아져야 향상일로인 것이지,
거듭될수록 못해지고 있다면 향하일로가 아닌가.
나아짐(向上)도 못함(向下)도 없음이 가리사家裏事이지만
그래도 도중사途中事에서는 향상일로 해야 함이 자연이다.

어느 산철 상좌들에게 소참하다.

124
부처의 눈으로 보면

어느 날 태조 이성계와 무학 대사가 대화를 나누었다.
이성계가 먼저 무학 대사에게 농담을 던졌다.
"스님은 꼭 돼지같이 생겼습니다."
무학 대사는 빙긋이 웃으며 말이 없었다.
"짐이 대사에게 돼지 같다고 말했는데 어찌 웃고만 계십니까?"
그제야 무학이 넌지시 한마디 한다.
"대왕께서는 부처님처럼 생겼습니다."
이성계는 지나친 농담에 좀 미안한 마음이 들어 이렇게 말했다.
"짐은 스님을 돼지에 비유했는데, 어찌 스님께서는 짐에게 부처님처럼 생겼다고 칭찬하십니까?"
무학 대사는 온화한 얼굴에 미소를 띠우며 말했다.
"부처의 눈에는 부처만 보이고, 돼지 눈에는 돼지만 보이는 법입니다."

자 부처의 눈으로 볼 것인가, 돼지의 눈으로 볼 것인가. 말해라. 돼지와 부처 본래 없건만 돼지 업으로 돼지의 눈을 얻고, 부처의 원으로 부처의 눈이 되었다. 업생인가, 원생인가? 스스로의 눈으로 스스로가 볼 뿐이다.

부처 눈으로 보고, 돼지 눈으로 함께하면 어떨는지.

칠불암 노천법당에서 초하루 법회에.

125
일수사견 一水四見

『능엄경』에 '일수사견一水四見'이라는 말이 있다.

하나의 호수물을 봄에 있어서 하늘사람은 유리보석으로 보고, 인간은 단지 물로만 보며, 아귀는 피고름으로 보고, 물고기는 자신이 사는 집으로 여긴다.

동일한 대상일지라도 보는 자의 견해에 따라 다르게 보고, 다르게 생각한다는 것이다. 그래서 부처님께서 바르게 보라(正見)고 말씀하신다. 업식의 색안경을 끼지 말고 있는 그대로 보아라. 여실지견如實知見이 정견이다.

얼음이 물로부터 생기지만 얼음은 물을 막히게 하며, 얼음이 녹으면 물이 통하게 된다. 도는 통하여 흘러야 한다. 그래서 도의 작용이 물과 같다고 한다. 그대 물이 되라. 상선약수上善若水라 하지 않았던가. 모든 생명을 키우고 깨끗이 해주되 언제나 낮은 곳으로 임한다. 물은 시비하지 않는다. 더우면 증기가 되고, 추우면 얼음이 된다. 때가 되면 비가 되어 만물을 젖게 한다. 모든 생명을 키우되 키운다는 생각이 없는 물처럼 하는 바가 없이 하자.

보는 것이 없음이 참으로 보는 것이다.

거울은 만상을 보지만 하나의 상도 보는 바가 없지 않더냐.

봄날 중흥사 월명회 『법화경』 독경법회에서.

126
생사고生死苦

서라벌의 변두리에 한 여인이 아비가 없는 아들을 낳았는데, 열두 살이 되도록 말도 못하고 뱀처럼 기기만 해서 그 이름을 사복이라 했다. 수십 년의 세월이 흘러간 어느 날 사복이 원효 대사 앞에 불쑥 나타나서는 어머니가 죽었다면서 다음과 같이 말했다.

"그대와 내가 옛날 경을 싣고 다녔던 암소가 이제 죽었으니 그대가 함께 가서 장사 지내는 것이 어떻겠는가?"

원효가 승낙하고 곧 함께 그의 집에 이르렀다. 사복이 원효로 하여금 포살수계를 하게 하니 원효는 다음과 같이 말했다.

莫生兮也　其死也苦　막생혜야　기사야고
莫死兮也　其生也苦　막사혜야　기생야고

태어나지 말지니, 죽는 것이 괴롭구나.
죽지 말지니, 태어나는 것이 괴롭구나.

그러자 사복은 원효의 말이 너무 번거롭다고 말하면서, "태어나고 죽는 것이 괴롭다(生死苦)."라고 말했다.

- 『삼국유사』 -

    생사가 본래 없건만 중생이 꿈속에서 꿈을 꾸고 꿈해몽을 해달라고 한다. 불생불멸이라, 태어나도 난 바가 없고, 죽어도 죽은 바가 없다. 다만 지금을 살아갈 뿐. 사는 것에도 집착하지 말고, 죽는 것에도 두려워하지 말라. 그래서 지혜제일 사리불 존자는 이렇게 말했다. "나는 사는 것을 원하지도 아니하고 죽는 것을 원하지도 아니한다. 품팔이가 품삯을 기다리는 것처럼 나는 내게 올 인연을 기다릴 뿐이다." 시절인연을 온몸으로 부딪히며 살아가세.

일체는 고통이자 열반이다.
모든 것이 무상無常인 줄 모르면 고통이고,
모든 것에 나라는 실체가 없음(無我)을 알면 열반이다.
다만 다가오는 인연을 맞이할 뿐이다.

가을 칠불암 초하루 법회에서.

127
밥 맛있게 먹어라

서화
鋤禾

鋤禾日當盡　서화일당진
汗滴雷下土　한적습하토
誰知盤中餐　수지반중찬
粒粒皆辛苦　입립개신고

김매다

김매다 하루해가 다하니
땀방울 비가 오듯 땅에 떨어지네.
누가 알겠는가. 밥상 위의 음식이
한 알 한 알 모두 수고로움인 것을.

- 이신李紳「민농憫農」에서 -

밥 맛있게 먹어라. 그리고 천천히 먹어라. 그리 빨리 먹어서야 어디 밥의 은혜를 생각할 겨를이 있겠는가. 한 톨의 쌀이 되어 내 입에 들어오기까지 봄여름가을 피땀 흘린 농부는 말할 것도 없고, 태양과 바람, 물과 흙의 고마움을 어찌 소홀히 할 수 있겠는가. 이 밥 한 톨에 천지의 은혜가 깃들어 있다. 은혜를 모르는 이는 밥 먹을 자격이 없다. 사람이 편하게 세 끼 밥을 먹게 되는 데 수만 년이 걸렸다. 다만 이 몸의 허기를 면해 도업을 이루기 위해 밥을 먹는다.

밥알을 씹으면서 번뇌를 씹는 자는 밥 먹을 줄 모르고, 잠자면서 기와집을 짓는 자는 잠잘 줄 모르는 자이다.

중흥사에서 행자들을 모아놓고.

128
최잔고목摧殘枯木

摧殘枯木倚寒林　최잔고목의한림
幾度逢春不變心　기도봉춘불변심
樵客遇之猶不顧　초객우지유불고
郢人那得苦追尋　영인나득고추심
一池荷葉衣無盡　일지하엽의무진
數樹松花食有餘　수수송화식유여
剛被世人知住處　강피세인지주처
又移茅舍入深居　우이모사입심거

앙상한 고목이 찬 숲을 의지하니
몇 차례 봄이 와도 변할 줄 몰랐네.
나무꾼도 오히려 돌보지 않거늘
능숙한 목수 어찌하여 힘들여 찾는가.
연못에 핀 연꽃잎 옷으로 모자람 없고
몇 그루 송화면 먹고도 남는다.

세인으로 하여금 머문 곳을 알게 하였으니
다시 초가집 옮겨 깊은 산으로 들어가련다.

- 대매법상 -

이 게송은 염관제안 선사가 마조회상에서 헤어진 법상 선사가 대매산에 은거하고 있다는 소식을 듣고 사람을 보내 모셔오기를 청할 때 그 대답으로 보낸 게송이다. 그러고는 더욱 깊은 산으로 숨어버렸다.

최잔고목摧殘枯木이란 부러져 썩은 나뭇가지를 말한다. 아무 데도 쓸데없는 나무 막대기는 나무꾼도 돌아보지 않는다. 땔나무로도 소용되지 않기 때문이다. 참으로 본분사를 밝히고자 하는 공부인은 최잔고목처럼 아무짝에도 쓸모없는 물건이 되어야 한다. 일체의 욕망을 떨쳐버리고 죽은 고목과 같은 납자라야 공부할 분이 좀 있다. 한 번 크게 죽어야 다시 살아날 수 있는 것이다. 금생에 안 태어난 셈치고 공부해야 한다.

볼 것 다 보고, 들을 것 다 듣고, 먹을 것 다 먹고, 놀 것 다 놀고 난 뒤에 공부하겠다면 어느 세월에 공부를 성취하겠는가. 누가 나를 무시해도 눈 하나 깜짝하지 않고, 설사 누가 나를 내친다 하더라도 얼굴 하나 찡그리지 않는 사람이 되어야 공부 좀 할 수 있는 사람이다. 부디 사람 몸 받았을 때 최잔고목처럼 되어 공부 좀 해보자.

나를 욕하고, 나를 깔보고, 나를 멸시하는 자가 나의 진정한 스승이다. 합장하고 감사하라. 선악이 모두 다 스승 아님이 없다고 하지 않았던가.

한산사 동안거 중 대중들께 드린 소참법문.

129
벽송에 꽃이 피니

入海算沙徒費力　입해산사도비력
區區未免走紅塵　구구미면주홍진
爭如運出家珍寶　쟁여운출가진보
枯木生花別是春　고목생화별시춘
竹影掃階塵不動　죽영소계진부동
月穿潭底水無痕　월천담저수무흔

바다에 들어가 모래를 헤아리는 것은 한갓 힘만 들 뿐
구구하게 홍진 속을 헤매는 것을 면치 못하네.
어찌 제 집안의 보배를 들어내 쓰는 것만 하랴.
고목에 꽃이 피니 또 다른 봄이로다.
대 그림자 밤새 섬돌을 쓸지만 먼지 한 점 일어나지 않고
달빛이 연못 바닥을 뚫지만 물에는 흔적이 없네.

- 야부도천 -

2005년 겨울 정혜사 선방에서 철을 나고 있는데, 해인사 주지 현응 스님께서 산승을 벽송사 주지로 소임을 내셨다. 어쩔 수 없이 해제하고 벽송사에 갔더니 절이 쇠락하여 썰렁하였다. 주지 체질도 아니고 해서 걸망 싸서 도망가려고 하는데, 도반인 도업 스님이 "그래도 수좌가 돼 가지고 한 철은 살고 가야 전체 수좌들 욕 안 얻어먹이지." 하는 말에 도로 눌러 앉았다. 적막하여 별로 할 일도 없고 해서 이때 간화선 지침서 『간화정로』를 집필했다.

　이해 여름 안거에 책을 제방에 보내고 진범 스님의 권유에 의해 안국선원장 수불 스님께도 몇 권을 보내드렸다. 안거 중에 수불 스님께서 감사인사 겸 대중공양을 와서 들려준 말이 대작이다. "월암 스님은 이 책 한 권으로 대웅전 백 채를 지은 것보다 더 큰 불사를 했습니다."

　그리고 벽송사 중창불사에 흔쾌히 거금을 쾌척하셨다. 그때 안식년을 맞아 벽송선원에서 정진하고 계시던 법산 스님과 도업, 정견, 진범 등 여러 스님들의 "쇠락한 조계 조정 벽송사를 중창해야 한다."라는 간절한 청원에 큰마음을 내준 것이다. 불사를 마치고 안국선원 불자들의 정성과 은혜에 보답하는 마음으로 신축한 서쪽 당우를 안국당安國堂이라 명명했다. 그 안국당 기둥의 주련으로 야부 선사의 게송을 택했다. 수불 스님과 안국선원 불자들과 결제대중들의 은혜를 주련에 담아 걸었다.

벽송 조정에 꽃피운 사람 누군가. 백팔 옛 조사인가. 미래의 선자인가. 산승이 벽송도량에 다시 소나무 한 그루 심은 뜻은 천년 세월에 낙락장송 되어 온갖 길조가 깃들게 함이다.

가을 벽송선원에서.

130
대장부 지조

綠竹霜中夏　녹죽상중하
青松雪裏春　청송설리춘
男兒持此節　남아지차절
何畏撼風塵　하외감풍진

푸른 대나무는 서리 가운데 여름이요,
푸른 소나무는 눈 가운데 봄이로다.
천하 대장부 이 지조를 지킨다면
어찌 풍진 세상 흔들림을 두려워하리.

- 정혜 선사 -

바람에 흔들리는 갈대 그 뿌리는 고요하다. 서리 가운데 여름을 보고, 눈 가운데 봄을 볼 줄 아는 안목이라야 공부할 분수가 좀 있겠다.

동안거를 떠나기 위해 인사하러 온 상좌에게 벽송 조정의 옛 조사인 정혜 선사의 게송을 걸망에 담아주었다.

푸른 대나무와 푸른 소나무 같은 지조로 한철 공부 잘 하기를 바란다.

은사가.

131

후회後悔

돌이켜 보면 일찍 출가하여 이 산 저 고을, 우리나라 다른 나라 쏘다니다 좋은 시절 다 보냈다. 이제 나이 드니 후회가 막급이다. 그런데 하필이면 나 닮은 상좌가 한 명 들어와 좋은 나이에 나처럼 돌아다니기를 좋아하고 공부는 뒷전이다. 하루는 불러 조용히 타이르면서 "후회後悔"라는 글 하나 써서 주머니에 넣어주었다.

童眞出家春風面　동진출가춘풍면
雪頭老顔摧殘人　설두노안최잔인
流落異域過時節　유락이역과시절
見性度生何因緣　견성도생하인연

봄바람 같은 얼굴 어린 나이에 출가하였더니
머리 희고 얼굴 늙어 쓸모없는 사람 되었네.
낯선 곳을 떠돌면서 좋은 시절 다 보내고

어느 시절인연에 견성하여 중생 제도하리.

늙어 쓸모없는 호구승이 되지 말고, 부디 견성하여 많은 사람 인도하길 바란다.

눈 밝지 못한 은사가.

132
무수자상 無壽者相

혜안 선사는 120세를 살다 가신 분이다. 측천무후가 일찍이 혜안 대사의 나이를 물었다.

대답하기를, "기억하지 못합니다."

측천무후가 다시 물었다. "어찌하여 기억하지 못하십니까."

대사가 대답하였다. "생사의 몸은 마치 돌고 도는 원(圓: 순환, 고리)과 같으니, 원은 시작도 끝도 없거늘 기억해서 무엇하겠습니까. 하물며 이 마음이 흘러가는 중간은 틈이 없이 흘러가거늘 거품이 일어났다 꺼졌다 함을 보는 것은 망상일 뿐입니다. 처음 일어나는 생각으로부터 움직이는 모양이 사라질 때까지도 다만 이러할 뿐이거늘, 어찌 연월(나이)을 기억하겠습니까."

무후가 듣고 머리를 조아려 신봉하였다.

- 『송고승전』 혜안 대사전 -

일념생사一念生死라, 한 생각 일어나면 생이요, 한 생각 사라지면 죽음이다. 거품이 일어났다 사라지는 것이 한 살 먹는 것이라면 나이가 뭐 그리 대수이겠는가. 돌고 도는 원에서는 그 시작과 끝이 없다. 다만 순간순간 점으로 살다보니 하나의 원이 된 것이다. 열심히 점 없는 한 점을 찍자. 이것이 무수자상無壽者相이다.

서양종교는 선으로 표시되는 문화이다. 이에 반해 불교는 원으로 상징되는 문화에 속한다. 일직선에는 선후가 있어서 일등과 차등이 분명하다. 둥근 원에서는 선후가 없어서 일등과 꼴등이 함께 간다.
함께 어우러져 상생함이 부처의 가르침이다.

133
화로 속의 눈

千計萬思量　천계만사량
紅爐一點雪　홍로일점설
泥牛水上行　니우수상행
大地虛空裂　대지허공열

천 가지 계교와 만 가지 사량 분별도
붉은 화로 속 한 점 눈이로다.
진흙소가 물 위로 걸어가니
대지와 허공이 무너지는구나.

　서산 대사의 시이다. 아무리 도솔천 꼭대기를 나는 재주가 있고, 사해를 내 집처럼 나다니는 여유가 있다 하더라도 근심과 걱정을 면할 수 없다. 근심걱정은 번뇌요 망상이라, 천 가지 생각 만 가지 꾀를 내어도 이는 화로 속의 한 점 눈에 불과하다. 실체 없는 화로 속의 눈을 위해 평생 그리도 애를 썼단 말인가. 한 생각 일어난 바 없이 일어난 줄 모르니 이를 일러 도로아미타불이라 하지 않았던가.

진흙소가 물 위로 걸어가는 경지에서 대지와 허공이 무너지는 소식을 접한다. 산승이 한마디 사족을 붙인다.

千生萬死 천생만사
無生無死 무생무사
終日徘徊 종일배회
一步未踏 일보미답

천 번 만 번 나고 죽어도
난 적 없고 죽은 적 없네.
하루 종일 돌아다녀도
한 발짝도 옮기지 않았다.

철로 된 부처는 용광로에 자유롭지 못하고, 나무로 된 부처는 불길을 면하기 어렵고, 흙으로 된 부처는 강물을 건너지 못하나니 마음부처는 진여의 문에서 자재함이로다. 어느 가을 날 벽송사에 온 관광객들에게 벽송조정을 소개하다가 서산 대사의 시를 설명하면서 사족을 붙였다.

134
본래 공하다

"만약 얽매임이 있으면 이것은 아직 출가한 것이 아니다. 일체의 모든 것으로부터 집착하는 바 없으면 이것이 진정한 출가이다. 만약 무상의 도심을 발해서 마음이 삼계에 초연하면 모습이 매이는 바 있어도 이것은 진정한 출가이다. 비록 재가수행자이지만 능히 무상심無上心을 발하면 이것이 곧 출가이고 구족계를 받는 것이다."

승조 대사의 『유마경주』에 나오는 말이다. 진정 출가의 출가자가 되고 또한 재가의 출가자가 되어보자. 부처님 법 만남이 실로 어려운 일인데 어찌 소 닭 보듯이 할 수 있는가. 한 번 대문을 두드려 집안일을 알아나 보자.

누명을 쓰고 삼십 세 젊은 나이에 처형당한 승조 대사는 죽음을 앞두고 초연하게 임종게를 읊었다.

四大元無主　사대원무주
五蘊本來空　오온본래공
將頭臨白刃　장두임백도
猶似斬春風　유사참춘풍

사대*로 된 몸 본래 주인 없고
오온*으로 된 나 본래 공하다.
시퍼런 칼날이 목을 내리쳐도
마치 봄바람을 베는 것 같구나.

본래 집이 없는데 집에 있고(재가) 집을 떠남(출가)이 어디 있겠는가. 돌이켜 보면 삼계가 텅 비었는데 빈집은 모두 내 집이 아니던가. 도대체 무엇이 출가이며, 죽음이란 또 무엇인가. 죽음의 칼날이 봄바람이 된 경지여, 멀리 승조 대사께 귀의한다.

일체가 공한 줄 알지만 칼로 베면 아프고,
모든 것이 공인 줄 알지만 병이 나면 괴롭다.
아프고 괴로운 것도 공이지만 참아야 되는 세상이기에
감인甘忍세계라 한다.

참을 것이 있는 것을 참는 것은 인욕이요,

참을 것이 없는 것을 참는 것이 인욕바라밀이다.

가을 해인사 강원에서 선종사 강의 중에서.

* 사대: 지地 수水 화火 풍風.
* 오온: 색色 수受 상想 행行 식識.

135
연기緣起

자기 홀로 이루어지는 것은 없다.
기둥과 서까래, 주춧돌과 기와
흙과 모래, 물과 나무
목수와 미장이 어우러져
한 칸의 집이 만들어진다.

흙을 빼고 물을 빼고
나무를 빼고 돌을 빼고
기둥 없고 서까래 없고
목수 없고 미장이 없다면
어느 누가 무슨 수로 집을 짓나.

따뜻한 방에 잠자면서
나무와 흙의 고마움을 생각하세.
이름 모를 목수 미장도 잊지 마소.

물도 소중하고 불도 소중하고

모든 인연 더할 나위 없이 고맙네.

이제야 알았다네. 연기의 도리를.

나는 너에 의해서, 너는 나에 의해서, 너와 나는 우리 모두에 의해서 살아가고 있다. 모든 것이 은혜로다. 감사하고 또 감사하자.

봉암사 동안거를 마치고 나서.

136
사람다운 사람

無惻隱之心非人也　무측은지심비인야
無羞惡之心非人也　무수오지심비인야
無辭讓之心非人也　무사양지심비인야
無是非之心非人也　무시비지심비인야
惻隱之心仁之端也　측은지심인지단야
羞惡之心義之端也　수오지심의지단야
辭讓之心禮之端也　사양지심예지단야
是非之心智之端也　시비지심지지단야

측은하게 여기는 마음이 없으면 사람이 아니다.
부끄러워할 줄 아는 마음이 없으면 사람이 아니다.
겸양(사양)하는 마음이 없으면 사람이 아니다.
옳고 그름을 가리는 마음이 없으면 사람이 아니다.
측은하게 여기는 마음이 어짊(仁)의 시작이다.
부끄러워할 줄 아는 마음이 의로움(義)의 시작이다.

겸양하는 마음이 예의(禮)의 시작이다.

옳고 그름을 가리는 마음이 지혜로움(智)의 시작이다.

- 『맹자』 양혜왕 사단론 -

시절이 하수상하여 측은지심, 수오지심, 사양지심, 시비지심이 없는 시대를 살아가고 있다. 온통 사람 아닌 사람의 세상이다. 사람다운 사람을 어디에서 찾아야 하는가. 사람 모양을 하고 있으면 다 사람인가. 어진 품성과 의로운 마음, 바른 예의와 지혜로운 행이 넘쳐나는 사람다운 세상을 꿈꾸자. 공자는 죽었고 맹자는 없다. 그러나 여전히 공자는 살아 있고, 맹자는 깨어 있다.

사람다운 사람을 만나 사람답게 살아보자.

예천 예다원 신년 다례회 인사말에서.

137
한 생각 돌이키면

萬國都城如蟻垤　만국도성여의질
天家豪傑若醯鷄　천가호걸약혜계
一窓明月淸虛枕　일창명월청허침
無限松風韻不齊　무한송풍운부제

만국의 도성은 개미집이요,
천하의 영웅호걸은 하루살이라.
맑고 그윽한 달빛 베고 누우니
끝없는 솔바람은 운을 고를 수 없네.

청허 대사 휴정의 시다. 중국에서 살 때 낙양고성에 가본 일이 있다. 낙양의 북쪽에 망산이 있는데 일명 북망산北邙山이라 부른다. 당조 이전부터 공동묘지가 있던 곳이다. 세상에 무슨 무덤이 그렇게 많은지 말로만 듣던 북망산이 아득하여 끝이 없다. 천년 세월이 흘러서 무덤들이 무너지고 도굴되고 쇠락하여 마치 인생무상을 교육하는 실습장 같았다.

과연 멀리 보이는 옛 도성은 개미집 같고, 북망산에 묻힌 인걸들의 묘지는 초파리처럼 허망하기 짝이 없었다. 그래도 인간들은 끊임없이 개미집을 짓고, 하루살이 나방이 되어 불꽃을 향하고 있다.

맑은 바람 고운 달빛은 남의 일이고, 무한이 불어오는 솔바람을 맞을 여유가 없구나. 어찌하겠는가. 고개 들면 청산이요, 머리 돌리면 피안인 것을. 한 생각 돌이키면 즉시 영산이다(卽是靈山).

해탈이 무엇인가.
개미가 쳇바퀴 벗어남이요,
하루살이 허물을 벗어 버림이다.
자고 나니 날이 개었네.

백담사에서 기본선원 교과안거 강의내용 중에서.

138
고향엘랑 가지 마소

마조馬祖 선사가 남악회양의 법을 얻고 나서 천하에 이름을 떨치고 있던 중 고향 사천 땅에 한번 들른 적이 있다. 성불환향成佛還鄉 하니 모든 사람들이 큰스님이 오셨다고 난리다. 우리 고향에 도인 스님 났다고 야단들인데 시냇가에서 빨래하고 있던 물레방아집 할머니의 한마디는 그야말로 최고의 환영사이다.

"무슨 대단한 생불이 온 줄 알았더니, 뭐야. 마씨馬氏 농기구집의 작은아들 아니냐!"

마가네 작은아들이 부처인 줄은 꿈에도 모른다. 마조 선사의 심정이 어떠했겠는지 궁금하다. 후일 제자들에게 당부하였다.

勸君莫還鄉　권군막환향
還鄉道不成　환향도불성
溪邊老婆子　계변노파자
喚兒久時名　환아구시명

그대들에게 권하노니 고향엘랑 가지 마소.
고향에 돌아가면 도를 이루기가 어렵네.
시냇가의 옆집 할머니
아직도 어릴 때 나의 이름을 부르는구나.

『오가정종찬』에 전하는 이야기다. 옛날에는 대개 출가하면 속가와 인연을 단절하고 고향에 갈 일도 없었다. 그러나 지금은 세태의 변화 때문인지 속가와 왕래하고 고향 부근에 토굴을 마련하는 일이 예사다.

자식이 아무리 장성하여 높이 되어도 어미의 눈에는 갓난아기 모습 그대로이고, 아들이 출가하여 도를 이루어도 아버지 눈에는 그대로 아들이다. 고향사람은 어릴 때 모습을 기억할 뿐이니 부처님이 아니고서야 고향에서 교화하기 쉬운 일은 아닌 것 같다.

그러나 굳이 고향을 멀리할 것이 무어 있나. 어릴 때 이름이면 어떻고, 절집 이름이면 어떠하리. 옛사람 만나걸랑 아기가 되어주고, 지금 사람 만나거든 법문을 말해주라. 어서 빨리 견성해서 기쁜 소식 전하러 고향에 가자.

한산사에 고향 가마골 사람들 몇 분이 찾아와서 옛 정담을 나누며 들려준 이야기이다.

139
부처를 안고

사람이 부처다. 사람이 본래부처이다. 지금은 부처를 잃어버리고 중생으로 살아가고 있다. 그러나 버리고 찾고 할 수 없는 것이 부처의 씨알이다. 씨알에서 싹을 보고 꽃을 보고 열매를 본다.

夜夜抱佛眠　야야포불면
朝朝還共起　조조환공기
起坐鎭相隨　기좌진상수
語默同居止　어묵동거지
纖毫不相離　섬호불상리
如身影相似　여신영상사
欲識佛去處　욕식불거처
只這語聲是　지저어성시

매일 밤 부처를 안고 자고

매일 아침 부처와 함께 일어난다.
앉고 일어나고 하는 데 늘 함께하고
말하고 침묵하는 데도 같이한다.
털끝만큼도 서로 떨어지지 않는 것이
마치 몸과 그림자 같다.
부처님 간 곳을 알고자 하는가?
다만 이렇게 소리 내는 이곳이니라.

쌍림 부대사의 게송이다. 중생이 본래부처다. 부처로 살면 된다. 부처다 중생이다 함께 내려놓고 그냥 그렇게 살아라. 밖으로 찾지 말라. 물로 물을 씻을 수 없고, 눈이 눈을 볼 수 없다. 마치 몸과 그림자 같다고 했으니, 몸은 바탕이요, 그림자는 작용이다. 그래도 모르면 모르는 그 마음으로 이뭣고 하라. 지금 이 글을 보고 있는 그대가 부처이다.

입춘대길立春大吉이요, 봄빛 속에 행복이다. 만사형통萬事亨通이요, 중생 속에 부처로다.

칠불암 입춘 법회에서.

140
텅 빈 허공

혜충 선사가 숙종황제의 초빙을 받아 장안에 왔다. 어느 날 법회에서 황제는 선사에게 많은 질문을 던졌다. 하지만 선사는 그를 거들떠보지도 않았다. 화가 난 황제가 큰 소리로 말했다.

"짐은 대당국의 황제요. 스님은 왜 황제를 거들떠보지도 않는 거요?"

그러자 선사가 되물었다.

"폐하께서는 저 텅 빈 허공이 보이십니까?"

"그렇소."

"허공이 폐하께 눈짓이라도 보냅니까?"

"…"

어떤 스님이 혜충 국사에게 말했다.

"이전의 국사들은 스님 같은 기지와 말솜씨가 없었습니다."

국사가 대꾸했다.

"그들은 나라님을 스승으로 모셨지만 나는 나라의 스승이니까 당연하지."

어떤 스님이 혜충 선사에게 물었다.

"노사나 부처님의 본체가 무엇입니까?"

"물병이나 갖다 주시게."

그 스님이 물병을 가지고 오자 혜충 선사는 말했다.

"도로 갖다 놓아라."

그 스님이 선사가 잘못 들었나 싶어서 다시 물었다.

"비로자나 부처님의 본체가 무엇이지요?"

"옛 부처는 지나갔다."

자고로 약을 만드는 사람은 많다. 하지만 고치기 어려운 병을 고쳐주는 선지식은 드물다. 혜충 선사는 고질병을 고쳐주는 의사이다. 약을 처방해줘도 먹지 않으면 아무 소용이 없다.

부처가 부처를 묻고 있으니, 소 타고 소를 찾는다고 말한다. 모르면 참구하면 된다. 일념이 만년 되게 말이다. 이왕 선문에 들어왔으면 눈멀고 귀 멀고 벙어리가 되어 한바탕 일을 치러야지.

허공을 향해 욕을 해도, 칼을 휘둘러도 허공은 아파하지 않는구나. 허공심이 노사나 부처의 마음이다. 밖에서 찾지 말라. 물병 들고 왔다 갔다 할 줄 아는 그것이 법신의 본체가 아니던가.

조계사 선림원초청법회 법문 중에서.

141
법연사계 法演四誡

勢不可使盡　　세불가사진
福不可受盡　　복불가수진
規矩不可行盡　규구불가행진
好語不可說盡　호어불가설진

세력을 다 쓰지 말라.
복을 다 누리지 말라.
규범(법)을 다 행하지 말라.
좋은 말을 다 하지 말라.

　　법연사계는 오조법연 선사가 그의 제자인 원오극근이 태평사 주지(방장)를 맡아 가게 되자, 스승으로서 제자에게 일러준 주지 소임자로서의 자세를 말한다. 즉 천여 명의 대중을 거느린 총림의 방장으로서 반드시 삼가야 할 준칙을 일러준 것이다.

그때의 방장뿐만이 아니라, 요즘에도 모든 사람들에게 해당되는 금과옥조이다. 세력이 좀 있다고 막 휘두르면 안 되고, 복 좀 있다고 혼자 다 누리면 안 되며, 규범대로 처리하다 보면 화합이 깨지고, 좋은 말이라고 다 하면 잔소리가 되는 법이다.

넷 가운데 가장 중요한 것을 하나 말하면 바로 네 번째 "좋은 말을 다 하지 않는 것"이다. 그리고 하나 더 보태라면 주지(소임)를 다 마치고 나올 때 빈손으로 나오는 것이다.

주지가 되어 소임 살러 가는 비구니 스님이 인사하러 왔기에 법연사계를 말해주었다. 천하에 모든 사람을 전부 부처로 섬기면 주지살림 제대로 하는 것이다.

세력을 다 쓰면 위태롭고
복을 다 누리면 번거롭고
규범을 다 행하면 돌아서고
좋은 말 다 하면 가벼이 여긴다.

한산당에서 차를 마시며.

142
가슴으로 피우는 꽃

고울시고 저 꽃이여! 반만 시든 저 꽃이여!
더도 덜도 말고 언제나 그 정도만 하고 있어
봄바람에 향기 쫓는 나비를 웃고 맞이하노라.

한가한 때에 가끔 읊조리는 시조이다. 조선 헌종 때 안민영 선생의 시조를 현대어로 바꾼 것이다. 만개한 꽃의 아름다움을 노래한 것이 아니라, 반쯤 시든 모습의 아름다움을 노래해서 더욱 정이 간다. 더도 말고 덜도 말고 언제나 그 모습으로 있어 달라는 애달픈 심정이 보살심이다.

인생과 자연은 무상이라 변해서 아름다운 것이다. 변하는 가운데 변하지 않음을 보고, 변하지 않는 것에서 변하는 것을 보는 아름다움이 중도이다. 아름다움의 절정에 있는 만개한 꽃이 아니라, 이제는 돌아와 거울 앞에 선 누님같이 반쯤 시든 꽃이 더 고운 꽃이라 여기는 작가의 심정에 동감한다.

가슴으로 피우는 꽃은 모양이 없다. 꽃이 피고 지는 봄날에 유발상좌들에게 보낸다. 부디 바쁜 가운데서도 한 생각 챙기는 일 게을리하지 말고, 집에 충실하되 집을 벗어난 장부가 되어라. 그리고 항상 푸르게 살아라.

부딪치는 경계마다 아픔으로 다가오고
지나가는 바람마다 생채기로 남는 것이 삶의 모습이다.
부디 경계마다 공심空心으로 상대하고
바람마다 허심虛心하게 지나치면
아픔과 상처가 가벼워지리니.

한산에서 은사가 보낸다.

143
참선을 권하는 시(勸參詩)

참선을 실행함에 많은 말이 필요 없다.
다만 말 달리듯 채찍을 더할 뿐
의단이 타파되어 눈을 한번 번쩍이면
공겁空劫 이전을 비로소 비추리라.

화두에 달라붙어 부디 놓치지 말지어다.
엎치고 뒤치면서 '이뭣고?'라고만 하라.
끝없이 의심하여 불덩이처럼 될 때
문득 생사의 긴 꿈에서 깨어나리라.

긴긴 날을 고요히 앉아 좌선하니
한 생각 벽과 같아 온갖 생각 다 잊었네.
사무친 의심이 만 생각을 꿰뚫어
봄이 옴도 모른 채 강호를 오갔어라.

화두를 들어 빈틈없이 참구하여
화두 밖에는 아무것도 두지 말라.
아무것도 남지 않아 마음에 힘을 더니
사방은 고요하여 한 티끌도 일지 않네.

시정의 거리든 깊은 숲이든
평야나 들녘 혹은 바닷가나
화두에 몰입된 그에게 있어서는
언제나 적멸의 기쁨뿐이네.

뒤도 옆도 보지 말고 오직 앞으로만 가라.
더 나아갈 수 없는 길에서 한 걸음 더 내디딜 때
정녕코 일체 일이 없을 것이며
가시덤불 속에서도 팔을 저으며 지날 것이다.

고고한 절개는 태산처럼 우뚝하고
선정은 길이길이 흰 갈매기처럼 한가하네.
힘 다해 목숨 걸고 한바탕 뒤집으면
번뇌 꺼진 맑은 경계 안도 없고 밖도 없네.

화두의 뿌리는 큰 의심이다.

그 의심이 눈 푸른 달마를 쳐부술 때
마음대로 죽이고 마음대로 살리리니
이로부터 그 악명이 강호에 가득하리.

참선의 묘함은 날카로움에 있나니
무딘 의심으론 생사를 못 가르네.
의심이 쪼개질 때 허공이 갈라지니
한 줄기 차가운 빛이 고금을 녹이리라.

화두를 참구함에 언제나 간절하여
세간의 잡된 생각을 의심으로 쓸어내라.
천 길 낭떠러지에서 비로소 손을 놓을 때
대지와 허공이 한꺼번에 사라지리.

의심이 타파되어 번뇌가 문득 쉬니
오가는 모든 길엔 그림자 없네.
드넓은 기운이 시방을 끓으니
무간지옥 가는 길에서도 느긋하게 노닐고
이류異類 따라 노닐며 바람처럼 지나도다.

참선하여 해탈함이 어려운 것 아니니

즉시 한 생각을 돌이킴에 있다.

물 다하고 산 또한 끝난 곳에

물도 없고 산도 없어

산은 산이요, 물은 물이로다.

- 나옹 선사 -

한 생각 돌이킴이 참선이다.

태산처럼 앉아서 한 생각 돌이켜 그대의 근원에 사무쳐라.

그대는 도대체 무엇인가? 이뭣고?

만공 선사가 말했다.

간장맛이 짠지 단지만 분간할 줄 알면 참선할 수 있는 사람이라고.

참선해서 구경행복을 이루어보자.

144
전도를 떠나라

비구들이여, 전도를 떠나라.
많은 사람들의 이익과 행복을 위해
세상을 불쌍히 여기고
사람과 하늘의 이익과 안락을 위해 떠나라.
두 사람이 같은 길로 가지 말라.
처음도 좋고 중간도 좋고 끝도 좋으며,
조리와 표현을 갖춘 법을 설하라.
또한 원만 무결하고 청정한 범행을 설하라.

- 부처님의 전도 선언 -

부처님께서 비구들에게 전도여행을 떠날 것을 선언하셨다. 『화엄경』 십행품에 보면 "먼저 중생을 제도하고 나중에 성불한다(先度衆生後成佛)."라는 내용이 있다.

『열반경』에도 또한 이런 내용을 설하고 있다.

> 發心畢竟二不別　발심필경이불별
> 如是二心先心難　여시이심선심난
> 自未得度先度他　자미득도선도타
> 是故我禮初發心　시고아례초발심

처음 발심과 필경 성불 이 두 가지가 다르지 않도다.
이와 같이 두 가지 마음 중에 초발심 내는 것이 어렵네.
스스로 아직 제도되지 못했어도 남을 먼저 제도하나니,
이런 고로 초발심 내는 이에게 나는 간절히 예배하도다.

내 공부가 덜 돼서 남에게 전도하지 못한다는 말은 불자의 말이 아니다. 공부한 만큼 다른 이에게 베풀면 된다. 불교인이 전도에 인색해서 전도란 말조차 뺏기고 말았다. 굳이 전도재일을 따로 정하지 않는 것은 365일 모두가 전도재일이기 때문이다.

공부가 부족해서 포교를 할 수 없다고 말하는 납자가 많다. 수행과 교화가 일치하는 행화쌍수行化雙修가 수선자의 기본이다. 앉아 있음이 향기로우면 향기가 주위에 진동하게 되어 있다.

『법화경』에서 말한다. 여래의 사도가 되고, 여래의 전도사가 되라고. 시방 가득 칠보로 보시하는 것보다 한 구절의 법문을 전함이 더 수승하다고 하였다.

기본선원 교과안거 강의내용 중에서.

145
공부가 되든지 안 되든지

잘되는 것이 공부가 아니고, 잘 안 되는 것이 수행이다. 되고 안 되고를 따지지 말고 오로지 일념으로 꾸준하게 이어가는 것이 중요하다. 집중과 지속, 이것이 정진의 생명이다.

> 만일 실제 참구하여 깨닫는 내용을 말하자면,
> 마치 팔십 늙은이가 거꾸로 부는 바람과 물살을 향하여
> 밑 빠진 한 척의 쇠로 된 배를 끌고 가는 것과 같이,
> 공부가 되든지 안 되든지,
> 깨치고 못 깨치는 여부를 묻지 않아야 한다.
> 바로 틈이 없는 마음의 온전한 생각에서
> 한 걸음 한 걸음 평생의 기량을 다하여
> 공부(화두)를 밀고 나아가야 한다.
> 발붙일 곳 없는 곳, 힘줄이 끊어지고,
> 뼈가 으스러지는 때의 경계에 도달하면,

별안간 물살과 바람의 방향이 바뀔 터이니,
이곳이 곧 집에 도달한 소식이니라.

고봉원묘 선사의 『선요』에 나오는 말이다. 불이선회 때마다 말하는 내용이라 이미 귀에 익숙한 가르침이다. 배가 앞으로 나아가는 것이 아니라, 별안간 물살과 바람의 방향이 바뀌는 것이 묘방이다.

무문 선사 또한 "삼백육십 골절, 팔만사천 털구멍, 온몸이 한 의심 덩어리가 되어 화두를 참구하라."고 말하고 있다. 화두 의심이 한 덩어리 불꽃이 되면 나도 타고 너도 타고 천지를 태워 불 가운데서 연꽃이 피어난다.

잘되는 것이 공부가 아니고, 잘 안 되는 것이 공부이다.
본래면목本來面目 밝히는 공부인이 되자.

146
도를 생각하리라

도는 안으로 닦음이요,

덕은 밖으로 드러냄이다.

도는 낮추고 비우는 데서 생기고,

덕은 참는 데서 생긴다.

도의 집은 수행자가 머물 집이요,

덕의 옷은 군자가 입는 옷이다.

수행자가 되어 도가 없으면 한낱 식충이요,

군자가 되어 덕을 쌓지 않으면 소인배나 다름없다.

불일설숭 선사의 가르침이다. 어린 시절 절에 들어와서 은사 스님께 난생 처음으로 들은 법문이 아래의 내용이다.

"나는 무엇을 생각할까? 도를 생각하리라. 나는 무엇을 말할까? 도를 말하리라. 나는 무엇을 행할까? 도를 행하리라. 도 생각하는 마음 잠깐인들 잊으리까?"

그때 어린 나이에 도가 무엇인지 잘 모르면서도 대장부로 태어나 도를 생각하고, 도를 말하고, 도를 행하다 죽는다면 이보다 더 멋진 인생이 없을 것 같았다. 그날부터 절에 눌러 앉아 행자생활을 시작했다. 이 대목에 코가 꿰었다.

간장, 된장 마련함이 살림장만이 아니고, 도를 생각하고, 도를 말하고, 도를 행함이 장부의 살림살이 아니던가.

147
오비이락烏飛梨落

"까마귀 날자 배 떨어진다."는 말이 있다.

지자 대사가 어느 날 지관止觀삼매에 들어 있었다. 산돼지 한 마리가 몸에 화살이 꽂힌 채 피를 흘리며 지나간 후 사냥꾼이 뒤쫓아와 "산돼지 한 마리를 보지 못했습니까?" 하고 묻는 것이었다. 이때 대사가 그를 보고 "엽사여! 그 활을 던져 버리시오." 하며 다음과 같이 법문을 하셨다.

삼생 전에 까마귀가 배나무에서
배를 쪼아 먹고 무심코 날아가자
나무가 흔들리는 바람에 배가 떨어져
그 아래서 햇볕을 쬐고 있던
뱀의 머리를 때려 뱀이 죽게 되었다.

이렇게 죽게 된 뱀은

돼지 몸으로 다시 태어나게 되었고
뱀을 죽게 한 까마귀는 생을 마치고
꿩으로 태어나게 되었는데
숲속에서 알을 품고 있었다.
이때 돼지가 칡뿌리를 캐먹다가
돌이 굴러 내려서 꿩이 죽었다.

꿩이 사람으로 태어나 사냥꾼이 되어
그 돼지를 활로 쏘아 죽이려는 순간
지자 대사가 이들의 지난 삼생의 일을 아시고
더 큰 원결과 악연으로 번져가지 못하도록
사냥꾼에게 이 같은 해원解冤의 법문을 해주었다.

- 『해원석결』 -

삼생이 아득한 꿈속의 일이구나.
옛 스승 일러주지 않았던가.
꿈속에서는 육도가 분명하다니만,
꿈 깨고 보니 대천세계도 공하여 없더라고.

148
생사를 벗어나는 공부

설령 복이 있어 잘산다 하더라도
임종 때에 이르면 모두가 꿈이라네.
목마를 때 샘 파면 도리어 힘만 드니
지금 바로 노력하여 일대사를 요달하라.

- 운봉 선사 -

금생에 사람으로 온 것은 그냥 돈 벌어 부자로 살다 가는 것이 전부가 아니다. 불법인연 만나 마음 닦아 생사를 벗어나기 위해 이 땅에 온 것이다. 설령 전세에 지은 복이 있고, 금세에 노력하여 남부럽지 않게 산다하더라도 이는 중생의 생사 가운데 일이다. 어쨌든 생사를 벗어나는 공부를 부지런히 해야 한다. 염라왕을 만나서 밥값 계산할 때에는 이미 늦었다.

부디 형이 하는 말이라고 흘려듣지 말고 산중 수도인이 내려주는 감로법문이라 여겨 함부로 가볍게 여기지 말거라. 부인을 사랑하고 아이들 건사하는 것은 한낱 미물마저 하는 일이 아니더냐. 불법인연 만났을 때 부지런히 닦아라.

염라대왕 만나 밥값 계산함에 누가 대신할 수 없다.
각자의 몫은 각자가 감당해야 한다.

속가 동생을 만나 일러준 말이다.

149
마음을 가져오너라

신광이 계도를 꺼내 왼쪽 팔을 잘라 달마 앞에 바쳤다.

달마가 말하기를, "제불 보살들이 불법의 진리를 구하기 위해 몸을 몸으로 여기지 않고, 생명을 생명으로 여기지 않았다. 네가 불법을 구하기 위해 팔을 잘랐으니 이 또한 그것과 멀지 않다." 했다. 그는 신광을 제자로 받아들이고 이름을 혜가라 고쳐주었다.

혜가가 물었다. "저의 마음이 불편하니 저를 안심安心시켜 주십시오."

달마가 대답하기를, "너의 마음을 가져오너라. 내가 너를 안심시켜 주겠다."

혜가가 말했다. "마음을 찾아도 찾을 수가 없습니다."

달마가 말했다. "만약 찾았다 한들 어떻게 너의 마음이겠는가? 나는 이미 너를 안심시켜 주었느니라."

혜가가 이 말을 듣고 말 아래 바로 크게 깨달았다.

"제가 이제야 일체 사물 및 현상이 본래 공空함을 알았습니다. 제가 이제야 깨달음이 본래 마음에 있어 멀리 찾을 필요가 없다는 것을 알았습니다. 그러므로 보살이 생각을 움직이지 않고 지혜의 바다에 이르고, 생각을 움직이지 않고 열반의 언덕에 오르는 것입니다."

달마가 대답하기를, "그렇고, 그렇다."

늘 듣고 설하는 말인데 어느 날 새삼스럽게 "너의 마음을 가져오너라."는 이 한마디에 가슴이 꽉 막혀왔다. 한참 후에야 가슴에 상쾌한 바람 불어온다. 이때를 당하여 시 한 수 적어본다.

射箭平生歪耳眼　사전평생왜이안
祖曰將心來一句　조왈장심래일구
一瞬快活淸風颳　일순쾌활청풍괄
今夜腿伸自在夢　금야퇴신자재몽

평생 쏜 화살 눈과 귀를 빗나갔는데
조사의 마음 내놓으라는 한마디에
한순간 쾌활하고 시원한 바람 불어오니
오늘밤 두 다리 뻗고 자재몽이나 꾸어보세.

"너의 마음 가져오라."라는 말이 천둥이요, 번개이다.

천둥, 번개, 비바람이 지나간 대지는 말쑥하다.

중국 강서 청원산 정거 선사 선당에서
방장노화상의 법문을 듣다가.

150
꿈속 같아

사공본정 선사의 게송이다.

始生如在夢　시생여재몽
夢裏實是鬧　몽리실시료
忽覺萬事休　홀교만사휴
還同睡時覺　환동수시교

삶을 꿈속같이 보나니
꿈속에서는 실로 어지러우나
홀연히 깨고 보면 만사는 쉬어져
도리어 잠들기 전과 같다.

어젯밤 꿈은 소몽小夢이요, 인생 백년은 대몽大夢이다. 대부분 불자들이 악몽 꾸지 말고 길몽 꾸게 해달라고 기도한다. 악몽도 길몽도 꿈인 것을. 부처님은 악몽 꾸지 말고 길몽 꾸라고 가르친 적이 없다. 다만 꿈 깨라고 말씀하시고 계신다. 꿈과 생시가 다 꿈이니 어젯밤 꿈은 꿈속에서 꿈을 꾼 것이다. 꿈과 생시가 둘이 아닌 하나이니 모두가 공空이라네. 이것이 몽교일여夢覺一如이다. 꿈도 꿈이요, 생시도 꿈이라. 꿈은 있다 할 수도 없고, 없다 할 수도 없어 본래 공이니, 이 도리만 깨우치면 몽자재법문夢自在法門에 들리라. 그래서 청허 대사는 이렇게 꿈을 말한다.

주인은 손님에게 꿈을 얘기하고
손님은 주인에게 꿈을 말하네.
지금 꿈을 얘기하는 두 사람
또한 모두 꿈속의 사람이라네.

사공본정 선사 거듭 말했다. "지수화풍 사대四大에 주재자가 없으니 마치 물과 같아서 곧은 것을 만나든 굽은 것을 만나든 나와 네가 없고 더럽고 깨끗함이라는 두 마음을 내지 않으니 어찌 막히고 통한다는 두 가지 뜻이 있었겠는가. 경계를 당해서 그저 물같이 무심하기만 하면 세상을 아무리 종횡한들 무슨 일이 있겠는가."

그림자가 싫어 도망갔더니
그림자가 먼저 도착해 있더라.

넘쳐흘러야
사랑이다

6장

151
산빛 달빛

　산 깊고 구름 일어 인적 드문 한산사에 종일토록 찾는 이 없으니 홀로 앉아 좌복만 아프게 할 수 없어 가끔 차를 마신다. 이 풍경에 딱 맞아 떨어지는 것이 바로 함허 선사의 시다. 음미할수록 옛 스승의 선다일미의 정취가 가슴을 적셔준다.

山深谷密無人到　산심곡밀무인도
盡日寥寥絶世緣　진일요요절세연
晝則閑看雲出岫　주즉한간운출수
夜來空見月當天　야래공견월당천
爐間馥郁茶煙氣　노간복욱다연기
堂上氤氳玉篆煙　당상기온옥전연
不夢人間喧擾事　불몽인간훤요사
但將禪悅坐經年　단장선열좌경년

산은 깊고 골짜기는 빽빽하여 인적이 드문데
종일토록 적적하여 세상인연 끊기었네.
낮에는 한가히 산기슭에 피어나는 구름을 보고
밤에는 공연히 하늘 가득 달빛을 본다.
화로 속에는 차향기 가득 피어나고
방 안 가득 옥 같은 연기 자욱하네.
인간세상 어지러운 일 꿈꾸지 않고
다만 좌선 속 선열로 세월을 보내리.

인간세상 어지러운 일상사를 떠나서 좌선의 선열이 따로 없다. 한 잔의 차를 한산의 푸른 산빛, 밝은 달빛, 가득 담아 솔바람에 실어 벗님들의 문전으로 배달한다. 향기 가득한 삶 되소서.

어느 한가한 날 한산노인이 보내다.

152
이정표가 된다네

한산사는 고지가 높아 겨울이면 아예 눈구덩이에서 살아야 한다. 군대시절 이후로 중국 오대산을 제외하고는 눈과 씨름하는 날이 제일 많은 것 같다. 산 밑에 비가 오면 산 위에는 틀림없이 눈이 온다. 눈이 오면 강아지와 어린아이들만 좋아한다더니, 이젠 눈을 좋아하던 시절이 아득하게만 느껴진다.

그래도 가끔 눈밭에서 발자국을 내면서 흥겨워하는 것은 동심이 조금은 남아 있는 것 같기도 하다. 동안거 반 철 산행을 할 때는 비록 짧은 구간이지만 일천고지 이상의 백두대간 구간을 타는데 앞에 가는 사람이 안전한 지점에 발을 내디뎌야 한다. 아니면 뒷사람이 구덩이에 빠질 위험이 있기 때문이다. 이럴 때를 두고 고인은 이렇게 시를 읊고 있다.

踏雪野中去　답설야중거
不須胡亂行　불수호란행

今日我行蹟　금일아행적
後人遂作程　후인수작정

눈밭을 걸어가는 사람아,
발걸음을 함부로 옮기지 말라.
오늘 나의 행적이
뒷사람의 이정표가 된다네.

인생길도 마찬가지이다. 앞사람의 그림자가 뒷사람의 이정표가 된다. 인생길 흔들리지 말고 정신 차려 똑바로 걸어가자. 행적을 남기지 않는 인생의 길은 없다.

눈 어두운 이가 횃불을 들어도 횃불의 밝음은 빌려야 한다.

동안거 반 철 산행날에.

153
산처럼 물처럼 그리고 거울처럼

　북경北京에는 산이 없다. 물론 북경 사람들이 자랑하는 향산香山도 있고 서산도 있다. 그러나 진달래 흐드러지게 피는 봄동산도, 햇살 가득한 수묵 사이로 소리 내어 흐르는 개울물 정겨운 여름산도, 저녁노을 곱게 물든 단풍나무 숲을 지나 갈대 무성한 오솔길의 가을산도, 맨살로 하늘 옷을 입고 백야의 설원을 연출하는 겨울산도 북경에는 드물다. 옛말에 지혜 있는 사람은 물을 좋아하고 덕 있는 사람은 산을 좋아한다고 하였던가. 그런데 산승은 산도 사랑하고 물도 좋아하니 너무 욕심이 많은 것이 아닌가 싶다.

　황량한 오도구五道口에서 살아온 지 벌써 해가 서너 번 바뀌어가고 있는 요즘은 더더욱 산이 보고 싶고 물소리 그리워진다. 사실 우리 한민족의 뿌리는 백두산이다. 백두산 천지에서 발원하여 태백의 줄기로 뻗어 한라에 이르는 백두대간에서 옹기종기 모여 대대로 살아온 민족이기에 산은 고향이요, 어머니이다. 그리고 산이 좋아 산에 들어 산을 닮아 살아온 산승에게는 더욱 산이 집이자 삶 그 자체이다. 그렇기에 몸은 비록 북경에 있더라도 마음은 항상 산에 가 있으니, 어찌 보면 지금은 등신으로 살고 있는 것 같은 기분이 든다.

산에 살다 보면 산속에 내가 있는 것이 아니라, 내가 산이 될 때가 자주 있다. 새벽에 일어나 석간수 한 모금 마시고 어둠으로 성큼 다가서는 산을 바라보고 있노라면 마음은 명경처럼 맑아진다. 산은 말 없는 말로써 장광설을 설한다. 그리고 또한 밤새 깨어 흐르는 시냇물이 낮은 소리로 속삭인다. 말 없이 묵묵히 자기 자리에서 순리대로 살아가라고.

산은 행行으로 말한다. 봄이면 싹을 틔워 꽃 피우고, 여름에는 만물을 키워 성장으로 단장하고, 가을이면 만산홍엽으로 수를 놓아 비단잔치 벌이고, 겨울이면 인고의 시간 속에 기다림의 자세로 하늘을 우러른다. 아득한 예부터 항상 그때 그 자리에 있어, 함이 없되 또한 하지 않음이 없는 큰 덕으로 감싸주는 산이기에 그 품은 깊고 그윽하다.

지혜는 밝힘에 있고 덕은 닦음에 있다. 일찍이 공자님은 『대학』에서 이르시기를 "대학의 가르침은 밝은 덕을 밝히는 데 있으며, 백성을 새롭게 하는 데 있으며, 지극히 착한 데 머무름에 있다."라고 하시었다. 오늘 우리는 대학에서 학문을 연마하고 있다. 산이 우리에게 함이 없는 무위無爲의 덕을 가르치듯이, 성현께서 밝은 덕을 밝힘으로 대학의 근본을 삼으라 하시었듯이, 학문이 생활의 방편으로 전락된 오늘의 풍토를 쇄신하여 대학 본연의 자세로 돌아가, 진정한 의미에서 학문의 탐구와 인격의 수양을 위해 상아탑을 쌓아야 한다.

산이 깊을수록 물이 맑다. 맑은 물은 스스로 맑음과 동시에 주위를 청정케 한다. 물은 가장 낮은 자세로 흐르되 자신을 고집하지 않고 인연 따라 순응한다. 낮은 곳으로만 흐르니 하심下心의 모습이요, 그때 그 장소에 따라 수연자재隨緣自在 하지만 젖음의 본성을 잃지 않으니 이 또한 자유인의 자세가 아니겠는가.

명경지수明鏡止水 맑은 물에 몸을 식히고 마음까지 비춰 보면, 푸른 산 맑은 물은 마음의 거울이다. 산은 미움이 없다. 물 또한 고움이 없다. 산과 물은 평등하여 친함과 미움이 없다. 사람이 스스로 미움과 고움을 만든다.

밝은 거울도 마찬가지다. 그래서 밉다, 곱다, 친하다, 소원하다 하는 취사선택이 없다. 우리 인간은 탐내고 성내고 어리석음으로 마음거울이 더럽혀져 고우면 취하고 미우면 버리는 분별심을 낸다. 본래 거울 자체가 없는데 어디에 더러움이 묻겠는가.

이 세상에 존재하는 모든 것은 자기 모습 자체로 소중하지 않은 것이 없다. 단지 사람이 고운 마음으로 비추면 곱게 비치고, 미운 마음으로 비추면 밉게 비쳐 올 것이다. 밉다 곱다 이전으로 돌아가면 너와 나, 내 것 네 것의 시비가 사라져 하나 될 수 있을 것이다. 시비가 끊어진 세상에서 산처럼 물처럼 거울처럼 살고 싶다. 명경지수와 같은 맑은 물에 나의 마음거울을 비춰, 산그림자 그대로 비치면 그것이 바로 깨달음인 것이다.

올가을엔 단풍잎 고운 입술 훔치러 산에 가야겠다. 더도 말고 덜도 말고, 중추가절 좋은 시절 오대산 마루에 올라, 동녘 서라벌 땅 높이 바라볼 한가위 달 맞으러 가야겠다. 그리고 달님께 소원 하나 띄워 보내련다.

사해동포 문수지혜 얻고, 북경한국인불자 보현행원 성취하소서!

오대송
五臺頌

솜 같은 구름이 산허리를 감아 돌고

흰 안개는 산머리에 자욱하다.

비단결 초원은 구름과

안개 속으로 흘러가는데

창파를 건너온 나그네

시름 없이 오대에 드는구나.

산등성 이름 모를 가을꽃

하늘 미소로 속삭인다.

문수는 자문수요,

무착은 자무착이다.

1996년 북경한인불자회 학생부 회지 「반야」에 실은 글이다.

154
물속에 비친 달

　중국 강서성 운거산 진여사는 운거도웅 선사가 행화한 도량으로 유명하다. 그리고 민국시대에 허운노사께서 중창하여 선종제일 가람이 되었다.
　1990년대 초에 진여사 선방에 방부를 들여 산 적이 있다. 운거산에서는 지금도 선농일치禪農一致의 가풍에 따라 농사짓고 참선하는 것이 일상이다. 심지어는 봄이면 차밭에서 찻잎 따는 운력도 스님들이 맡아 한다. 명실상부한 선농일치로 참선 반, 농사 반이다. 산철에는 선교를 겸수하기도 한다.
　선당에서 조과를 마치고 연이어 노강사를 초빙해 선강을 하였는데, 마침 마조어록을 강의했다. 그런데 강사가 방언이 심해 거의 무슨 말인지 귀에 들어오지 않는다. 그래도 강의를 듣는 둥 마는 둥 하다가 이 대목에 이르렀다.

在纏名如來藏　재전명여래장
出纏名淨法身　출전명정법신
法身無窮　법신무궁
體無增減　체무증멸
能大能小　능대능소
能方能圓　능방능원
應物現形　응물현영
如水中月　여수중월
滔滔運用　도도운용
不立根栽　불립근재

번뇌에 덮여 있음을 여래장이라 하고,
번뇌가 공한 상태를 정법신이라 한다.
법신은 실로 무궁하여,
그 본체가 늘거나 줄지 않아서,
능히 크게도 될 수 있고 작게도 될 수 있으며
네모나게 할 수도 있고 둥글게 할 수도 있다.
대상을 따라 모양을 나타내는 것이
마치 물속에 비친 달과 같아서
도도하게 작용할 뿐
뿌리를 내려 머무르지 않는다.

그런데 "대상을 따라 모양을 나타내는 것이(應物現形), 마치 물에 비친 달과 같다(如水中月)."라는 구절에 이르러 갑자기 이전에 느껴보지 못한 경계에 가슴이 시원해졌다. 쾌활한 경계를 당하여 몇 자 적어보았다.

渡中參問隱知識　도중참문은지식
攀山渡川何歲月　반산도천하세월
祖曰本來無一物　조왈본래무일물
現前覺知是甚麼　현전각지시심마
老伯講曰水中月　노백강왈수중월
快活心境全身羽　쾌활심경전신우

중국에 건너와서 숨은 선지식 찾아 헤매며
산 오르고 물 건넌 세월 얼마였던가.
조사가 본래 한 물건도 없다고 말했건만
목전에 알아차리는 이놈은 무엇인가?
노강백의 물속의 달이라는 구절에 이르러
마음경계 쾌활하고 온몸이 깃털 같네.

재미가 있으니 고생을 마다 않겠지.

중국 강서 운거산 진여선사에서.

155 칠보시 七步詩

煮豆燃豆萁　자두연두기
豆在釜中泣　두재부중읍
本是同根生　본시동근생
相煎何太急　상전하태급

콩을 삶는데 콩대를 베어 불을 때니
솥 안에 있는 콩이 눈물을 흘리네.
본디 같은 뿌리에서 태어났는데
어찌 그리도 세차게 삶아대는가.

중국 사람들이 애창하는 시 가운데 하나가 바로 이 시인데, 『삼국지』에 나오는 조식의 작품이다. 조식은 조조의 셋째 아들인데 재주가 매우 뛰어나 아버지에게서 총애를 받았기 때문에 형인 조비에게는 항상 심한 질시와 견제를 받았다.

조비가 왕위에 오르자 그는 조식을 더욱 견제하며 제거하려고 기회를 호시탐탐 노렸다. 어느 날 조비는 핑계를 대서 문무백관들이 보는 앞에서 조식에게 일곱 걸음을 걷는 동안에 시를 짓지 못하면 중벌에 처하겠다고 명령했다. 이때 조식이 지은 시가 바로 일곱 걸음 걷는 동안에 지어졌다고 하여 '칠보시七步詩'라고 한다.

예나 지금이나 권력 앞에서는 골육상쟁도 불사한다. 권력과 돈만 빼고 나면 서로 싸울 일이 하나도 없는데 말이다. 형제자매지간에 화목함이 인간의 본연이다.

더군다나 출가자는 일불제자라 모두가 사형사제이다. 동수정업의 형제가 되어 화합으로 종지를 삼아야 한다. 부모로서 가장 가슴 아픈 것이 형제가 서로 싸우는 것이듯이, 스승으로서도 가장 아픈 일이 사형제지간에 다투는 일이다. 은사가 죽은 한참 뒤에도 화합과 우의로 지낼 것을 미리 당부한다. 형제간에 싸우지 말라.

서로 가지려고 하면 싸운다. 슬픈 싸움이다.
서로 주려고 해도 싸운다. 행복한 싸움이다.

상좌들을 모아놓고 한산당에서.

156
무금선원에서

在無今院　재무금원
雪嶽底頭步　설악저두보
寒溪無心誦　한계무심송
老僧無事瞌　노승무사갑
侍者促步喘　시자촉보천
因而日落山　인이일락산

무금선원에서
설악은 고개 숙여 걸어오고
한계는 무심히 노래하네.
노승은 일 없이 졸고 있고
시자는 종종걸음 숨 가쁘다.
그래서 해가 진다.

백담사 무문관이 무금선원無今禪院이다. 무문관 좁은 방엔 동쪽으로 조그만 창문이 나 있다. 이 창문을 통해 밖을 보게 된다. 어느 날 오후 창문 열어놓고 졸고 있는데, 순간 멀리 보이는 설악산이 나지막하게 걸어오고, 가까이 백담천(한계) 흐르는 소리가 정겹게 들려온다.

무문관 안에서 모든 것을 놓아버린 사람처럼 한가하게 졸고 있는데, 밖에서 시봉하는 사미들은 종종걸음으로 바쁘게 왔다 갔다 하는 것이 보인다. 너무 미안하다. 뭐 대단한 공부한다고 문을 닫아걸고 앉아서 졸면서 사미들 시봉만 받고 있는지. 천하에 은혜 아닌 것이 없구나. 그때 좁은 창문 통해 보이는 풍광을 적어본다.

백담사 무문관 좁은 방에서.

157
아픔이 공空인 줄 알지만

桐千年老恒藏曲　동천년노항장곡
梅一生寒不賣香　매일생한불매향
月到千虧餘本質　월도천휴여본질
柳經百別又新枝　유경백별우신지

오동나무 늙어 천년이 지나도
늘 아름다운 곡조를 지니고
매화나무 한평생 추위 속에서도
그 향기를 팔지 않는다.
달은 천 번을 이지러져도
그 본바탕은 남아 있고
버드나무 줄기 백번을 꺾여도
또다시 새 가지 돋아나네.

옛사람 시에 견주어서 한마디 사설을 적어본다.

   人億劫生常苦輪 인억겁생상고륜
   佛一臾定長廣舌 불일유정장광설
   兒日盡哭不乾喉 아일진곡불건후
   長一壞話日新痕 장일괴화일신흔

사람은 억 겁을 살아도
항상 윤회의 괴로움이요,
부처는 잠깐 정에 들어서
장광설을 설하셨네.
아이는 온종일 울어도
목이 쉬지 않는데
어른들 내뱉는 한마디 험담
날마다 상처 새롭구나.

무심코 한 말도 가시가 되는데, 일부러 가시를 만들어 찌르는 말은 너무 아프다. 비록 아픔이 공空인 줄 알지만 그래도 아프다. 어느 날 한마디 말에 상처받아 상담하러 온 보살님을 달래며 들려준 말을 글로 적어보았다.

158
몽자재夢自在선원에서

獅子不食彫殘　사자불식조잔
快應不打死兎　쾌응불타사토

사자는 배가 고파도 먹다 남은 고기를 먹지 않고,
독수리는 죽은 토끼를 낚아채지 않는다.

- 회당조심 -

양피사 옛 도량에 앉아 적어본다.

佛子不讓諸煩事　불자불양제번사
禪者不避順逆境　선자불피순역경

불자는 온갖 번거로운 일을 사양하지 않고
선자는 순역의 일체 경계를 회피하지 않는다.

이 세상 무엇인들 희생 없이 이루어진 것이 있겠는가.
심은 대로 거둔다고 하였나니,
어찌 번거롭지 않은 일이 있으며,
어찌 순한 바람만 불어오겠는가.
절집에 희생과 봉사가 없으니 영광은 다른 동네 몫이 되는구나.
불이선자들에게 양피의 경계를 전하다.

양피사 몽자재선원에서.

159
둘 다 옳다

스승 동산은 각단에 예배했다.
제자 성철은 각단을 철폐했다.
스승이 옳은가.
제자가 옳은가.
둘 다 옳다.

범어사 조실이시고 종정을 지낸 동산 큰스님께서는 하루도 빠짐없이 새벽에 남보다 일찍 일어나 대웅전에서 대중이 함께 예불하기 전에 먼저 각단(칠성각, 산신각, 조왕단 등)에 정성을 다해 예배를 올렸다. 그래서 그런지는 모르지만 동산 스님이 계시는 도량은 어려운 시절임에도 불구하고 먹을 것이 풍족했다고 한다.

봉암사에서 결사불교를 주도하고 종정을 지낸 성철 큰스님은 부처님 법대로 살자는 공주규약을 내걸고 불교를 개혁하기 위해 각단을 모두 철폐해버렸다. 물론 뒷날에 각단이 다시 모셔지긴 했지만, 이때부터 스님들이 신중단에 절하지 않고 반야심경만 염송하게 되었고, 신도들이 스님들에게 삼배하는 법도 이때에 정착되게 된 것이다.

　스승 동산 스님이 각단에 예불하는 것도 방편이요, 제자 성철 스님이 각단을 철폐한 것도 방편이다. 살피고 살펴볼 일이다.

상相이 공함을 체득하지 못하면 우상이다.
우상이 우상인지 알지 못하면 무지이다.

　　　　　　　　　　　　칠불암 정초 신중기도 입재법문에서.

160
부즉불리 不卽不離

살아서는 앉아서 눕지 못하고
죽어서는 누워서 앉지 못하네.
한 덩어리 냄새나는 뼈다귀가
어찌 공과功果를 세우리오.

- 혜능, 『단경』 -

　선禪은 앉는 데 있는 것도 아니요, 선은 돌아다니는 데 있는 것도 아니다. 그렇다고 선이 앉는 데 없는 것도 아니고, 선이 돌아다니는 데 없는 것도 아니다. 선은 움직이고 고요하고, 앉고 눕는 곳을 떠나 있지도 머물러 있지도 않는다(不卽不離).
　고요히 앉아라. 다만 생각이 앉아라. 앉되 앉는 바 없이 앉아라. 그러면 아무리 오래 앉아 있은들 무슨 허물이 될 것이며, 하루 종일 돌아다녀도 항상 그 자리일 뿐이다. 모든 시간과 공간에 걸림 없이 자재하

라. 달빛이 물속에 그림자를 남기지 않고, 새가 공중에 자취를 남기지 않듯이 수연자재隨緣自在 함이 진정한 참선이다.

행주좌와에 걸림 없음이 자재선自在禪이다.

부산 우암사에서 『단경』 강의내용 중에.

161
계정혜

꽃에서 일하는 벌들이
빛과 향기 그냥 두고
단것만 가져가듯
다른 이의 잘잘못 가리지 말고
스스로 행실 옳은지를 살펴라.

- 『계경』 -

『예기』에 말하기를, "옥은 다듬지 않으면 그릇이 되지 못하고, 사람은 배우지 않으면 옳음을 알지 못한다."라고 하였다.

부처님께서 비유하여 말씀하셨다.
옛날에 어떤 장자가 빈집 가운데에 새·뱀·개·악어·여우·원숭이를 한 우리 속에 가두어 길들이고자 하였다. 그러나 새는 날아가려

하고, 뱀은 땅속으로 들어가려 하고, 개는 마을을 돌아다니려 하고, 악어는 물로 돌아가려 하고, 여우는 무덤 있는 곳으로 가려 하고, 원숭이는 산으로 도망가려 발버둥쳤다.

장자는 이들을 달아나지 못하게 마당 가운데 큰 기둥을 세워 여섯 동물들을 매어놓고 길들이기 시작했다. 처음에는 먹지도 않고 날뛰기만 하더니 차츰 말을 잘 듣고 복종하게끔 길들여졌다.

이 비유 가운데 빈집은 우리의 몸이고, 여섯 짐승은 눈·귀·코·혀·몸·뜻의 육근이다. 눈은 항상 새처럼 높은 것을 좋아하고, 귀는 뱀처럼 소리 듣는 것을 좋아하고, 코는 개처럼 냄새 맡기를 좋아하고, 혀는 악어처럼 맛있는 음식을 탐내며, 몸은 여우처럼 부드러운 살결을 탐내고, 뜻은 원숭이가 마음대로 뛰놀듯 방탕하고 향락적인 것을 원한다. 이와 같이 중생들은 육근에 끄달려서 살아가고 있다고 하였다.

그러므로 장자가 여섯 마리 짐승들을 큰 기둥에 매어 길들이듯 우리 중생들도 여섯 감각기관을 잘 다스려야 할 필요가 있다고 하였다. 부처님이 기둥에 육근을 잘 붙들어 매라고 한 것이 다름 아닌 계법戒法인 것이다. 계율의 바탕이 없으면 선정의 물을 담을 수 없고, 선정의 물이 맑지 못하면 지혜의 달이 비칠 수 없다.

  마음바탕에 그릇됨이 없음이 자성의 계戒요,
  마음바탕에 어지러움이 없음이 자성의 정定이요,

마음바탕에 어리석음이 없음이 자성의 혜慧이다.

-『단경』-

간절함이 계율이다. 간절함이 불사를 성취시킨다. 불교가 불교다운 것은 계율에 있다.

수원 봉녕사 계율연수교육 강의 중에서.

162
아침이면 일어나고

한산에 해 뜨면 아침인 줄 알고
한산에 달 뜨면 저녁인 줄 알아
아는 것은 이것이면 족하다.

아침이면 일어나고
저녁이면 잠을 잔다.
제때 자고 제때 일어나니
이보다 큰 공부가 어디 있겠나.

일어날 때 일어나고
자야 할 때 자고
밥 먹을 때 밥 먹으니
이만하면 철 제대로 난 거지.

밥 먹을 때 밥만 먹고

잠잘 때 잠만 자니

이것이 고인의 경계로다.

원효가 말했다.

"세우지 않음이 없고(無所不立), 파하지 않음도 없다(無所不破)."

세울 때를 당해 세워야 하며, 파할 때를 당하여 파하니,

세우고 파함이 쌍차쌍조雙遮雙照 함이 불이중도不二中道다.

그래서 일어날 때 일어나고, 잠잘 때 자는 것이다.

가을 한산당에서.

163
일행삼매

꽃이 피어도 기쁠 일 없고

낙엽이 떨어져도 슬플 일 없다.

칭찬한다고 좋아할 것 없고

비방한다고 싫어할 것 없다.

강가 모래알 세는 일 그만두라.

뿔을 달고 털을 쓴 일이 몇 번이었던가.

발걸음은 불이문不二門을 떠난 적이 없네.

봄이 되니 까마귀는 북으로 날아가고

제비는 강남에서 돌아온다.

비구름 걷히면 청공晴空인 것을.

무릇 앉음이 좌선이 아니며, 좌선만이 참선이 아니다.

생각이 깨어 있고 열려 있으면 모든 경계가 그대로 선禪이다.

깨어 있는 것이 지혜요, 열려 있는 것이 자비이다.

지혜와 자비로 법계와 하나 되는 것이 일행삼매이다.

조계의 종지를 알려고 하는가.

얻을 바 없음을 단박에 깨침이로다.

조계사 선림원 강의 중에서.

164
봄볕 비치는 곳

世與靑山何者是　세여청산하자시
春光無處不開花　춘광무처불개화

세상과 청산 어느 것이 옳은가.
봄볕 비치는 곳에 꽃 피지 않는 곳이 없네.

- 경허 선사 -

   세간이 옳은가, 출세간이 옳은가. 해가 옳은가, 달이 옳은가. 세간과 출세간의 경계는 없다. 그대의 분별이 경계를 만든 것이다. 이름을 버려라. 형상을 놓아라. 그러면 불이不二의 경계가 나타날 것이다.
   꽃이 피지 않는다고 탓하지 말라. 봄이 오면 천하의 꽃은 모두 꽃봉오리를 터뜨릴 것이다. 피지 않는 꽃을 나무라지 말고 나 자신이 따스한 봄볕이 되자. 나는 언제 누구에게 봄볕이 되어준 일이 있는가.

시인은 묻는다. 남을 위해 온몸을 뜨겁게 한 번 불태워본 적이 있느냐고. 길거리에 널부러져 허옇게 타버린 연탄재를 함부로 발로 차지 말라고 말하면서. 활짝 피지 못하는 누군가를 위해 한 번쯤 봄볕이 되어주자. 추워서 불안에 떨고 있는 누군가를 위해 한 번쯤 뜨겁게 타올라보자. 다시 한 번 물어보자.

左與右手何者正　좌여우수하자정
本是同體兩枝已　본시동체양지이
日光無處不耀世　일광무처불요세

왼손이 옳은가. 오른손이 옳은가.
본래 한 줄기의 두 가지일 뿐인 것을.
높이 뜬 밝은 태양은 온 세상 비추지 않는 곳이 없다.

마디마디에 머물지 말고, 고요하고 고요한 가운데 또렷또렷하게 마음을 쓰라.

부산 우암사에서 『금강경』 강의 중에.

165
오직 할 뿐

念起卽覺 염기즉각
覺之卽無 각지즉무

생각이 일어나면 깨달아라.
깨달으면 깨달음마저 없어진다.

- 하택신회 -

생각에 끄달리면 망상이다.
망상에 이끌려 알아차리면
알아차림 또한 망상이다.
망상이 망상 아님을 깨달으면
어디서나 주인공이다.
대상을 향해 분별하지 말라.

오직 모를 뿐.

분별심으로 행하지 말라.

오직 할 뿐.

오직 모르는 그 자리.

오직 하는 그 자리.

그래도 알지 못하거든

간절하게 의심하라.

그 자리를.

그래서 한 생각이

만년 되게 하라.

육근 문턱에 황금색 둥근 해가

붉게 떠오를 것이다.

일념만년一念萬年이 수행의 명줄이다.

166
미움과 시기가 없기를

『증일아함경』에서 부처님께서 이 세상에서 섬기고 공경할 만한 일곱 종류의 사람이 있다고 하셨다.

"사랑하는 마음을 가진 사람.

연민하는 마음을 가진 사람.

기쁘게 하는 마음을 가진 사람.

남을 보호하고 감싸는 마음을 가진 사람.

집착하지 않고 마음을 비운 사람.

부질없는 생각을 하지 않는 사람.

바라는 것이 없는 사람이다."

조용히 생각해보자. 인자는 이 가운데 몇 가지를 갖추었는가. 다른 이의 믿음과 존경을 얼마나 받고 있는지 돌이켜 볼 일이다. 출가든 재가든 이 일곱 가지 덕을 갖추게 되면 올바른 수행자라 할 것이다. 이런 마음과 행을 닦는 사람이 불이不二행자이다.

마음에 미움과 시기가 없기를, 독한 마음이 없기를, 까닭 없이 싫어함이 없기를, 모든 이를 버리지 않기를, 어디서나 걸림 없기를, 온전한 생각만 하기를, 항상 누구에게나 베풀기를. 이렇게 기도하자. 이런 마음으로 관세음을 부르고, 지장보살을 부르자. 이것이 진정한 기도이다.

기도하자. 나와 너와 우리 모두를 위해 기도하자.
모든 생명의 해탈을 위해 목 놓아 관음을 부르자.

칠불암 어느 초하루 법회에서.

167
둘 다 좋은 사람

불이선회 수행 나누기 시간에 어느 젊은 선자가 물었다.

"나를 칭찬하는 사람은 좋은 사람입니까, 나를 비방하는 사람은 나쁜 사람입니까?"

이렇게 대답하였다.

"칭찬과 비방을 하는 너와 듣는 나 둘 다 좋은 사람이다. 칭찬에 교만하지 않으면 내가 좋은 사람이 되고 비방에 흔들리지 않으면 네가 좋은 사람이 된다. 꿈속에서 칭찬과 비방을 듣더라도 꿈을 깨면 칭찬 비방 본래 없다."

모든 것이 꿈인 줄 아소.

부처님께서 『우바새계경』에서 설하셨다.

"남의 착한 일을 드러내주고 허물을 숨겨주고 남의 부끄러운 점은 감추어주고 중요한 이야기는 발설하지 말라.

작은 은혜라도 반드시 갚을 것을 생각하고 자기를 원망하더라도 항상 착한 마음을 가져라.

자기를 원망하는 자와 자기를 칭찬하는 자가 똑같이 괴로워하거든 먼저 원망하는 자를 구해주라."

부처의 마음이란 일체 경계에 마음을 내지 않는 것이다. 무심 앞에는 칭찬과 원망이 하나다.

불이선회 수행 나누기에서.

168
이름만 주지일 뿐

영원유청 선사께서 주지 하기를 여러 번 사양하다 어쩔 수 없이 주지를 맡았다. 주지를 시작한 선사는 문에다 방을 써 붙였다.

"나 유청은 이름만 주지일 뿐, 실로 길손과도 같다. 단지 대중을 통솔하고 불법을 널리 펴서 우러러 교풍을 돕는 것을 내 직분으로 삼을 뿐이다. 절에서 관리하는 상주물은 내 것이 아니므로 이치로 보아서도 내 마음대로 할 수 없는 일이다. 그러므로 소임자에게 모두 위임하고 분야를 나누어 일을 맡아 보게 하되, 공과 사를 분명히 하여 합당한 것은 하고 쓸모없는 것은 버려야 한다. 나는 그저 대중과 함께 밥 먹고 옷 입고 할 뿐이며 몸에 지닌 물병과 발우만으로 인연 따라 가고 머물 뿐이다."

그리고 주지임기를 마쳤을 때의 모습을 이렇게 그리고 있다.

"주지를 마치고 나서 떠날 때의 살림살이는 발우가 든 걸망 하나에 삿갓이면 족하다. 납자는 가벼울수록 좋다."

고덕은 주지 하기를 사양하였으며, 마지못해 주지 소임에 임했을 때는 철저한 공심으로 행했으며, 주지를 마쳤을 때는 너무나 가벼워서 좋았다. 오늘 나를 비추어 보니 한량없이 부끄럽다. 천하에 주지 하는 자는 마땅히 이렇게 살아야 할 것이다. 그러면 불법이 다시 살아날 것이다. 나 스스로에게 하는 경책이자 상좌들에게 주는 경구이다.

169
생사가 열반이다

영원유청 선사가 유학자 정이천 선생에게 보낸 글이다.

"사람들은 자기 모습이 남는 것을 싫어하여
그림자가 질까 두려워하며 등지고 도망가려 한다.
그러나 빨리 도망갈수록 자취는 더욱 많아지며,
그림자도 더욱 빨라진다.
도망가기를 그치고 그늘에 들어가 그림자가 스스로 없어지고
자취도 자연스럽게 끊어지게 하느니만 못하다.
일상생활에서 이 점을 분명히 한다면,
앉은 자리에서 이 도에 나아가리라."

그림자가 싫어 도망갔더니 그림자가 먼저 도착해 있더라.
보살은 생사에도 머물지 않고, 열반에도 머물지 않는다.

생사를 피해 도망가지 말라. 생사가 열반이다.

열반에 취해 안주하지 말라. 열반이 생사이다.

중국 강서성 황룡사 고선원에서.

170
산곡거사

萬里靑天　만리청전
雲起雨來　운기우래
空山無人　공산무인
水流花開　수류화개

만 리 푸른 하늘에
구름 일고 비 내린다.
빈산에 사람 없는데
물은 흐르고 꽃은 핀다.

산곡거사 황정견의 시다. 그는 유학자이자 참선 수행자이다. 젊은 시절 술과 여자와 고기를 좋아했으나, 나중에 참회하고 불교에 귀의해서 참선을 닦아 마음을 밝힌 거사가 되었다. 그는 말년에 이르러 후원에 정자를 지어 그 안에 자신의 조각상을 만들고 이런 글을 새겨두었다.

출가인 같으나 삭발하지 않았고
세속인 같으나 이미 속세를 떠났네.
꿈속에서 또 꿈을 꾸어
이 몸 이전에 또 몸 있었음을 깨달았네.

거사가 되고 평생 채식하고 참선하며 살생을 금하는 「계살생」의 게를 썼다.

내 육신은 곧 중생의 고기.
본질은 같으나 이름만 다를 뿐
내가 산해진미 바랄 때
고통받는 저 중생들
염라대왕 앞에 갈 때를 기다리지 말고
스스로 반성함이 어떠할는지.

그리고 오늘날 다인茶人들이 애송하는 이 시 또한 산곡거사의 작품이다.

靜坐處 茶半香初 정좌처 다반향초
妙用時 水流花開 묘용시 수류화개

고요히 앉아 차를 반쯤 마셨는데 향은 처음과 같고,
묘하게 작용할 때에 물은 흐르고 꽃은 핀다.

산승이 비록 출가인이나 감히 따라 할 수 없는 모범이다. 산곡의 향기가 천년에 걸쳐 넘쳐흐른다. 산곡의 향기를 따라 걸어가는 행복선 수행자여. 향기를 보듬어 세상을 맑힘이 최상승이다.

171
안 태어난 셈치고

오조법연 선사는 하안거가 끝나고 이렇게 말했다.

"금년에 날이 가물어 농사가 잘 못된 일은 조금도 근심하지 않는다. 오직 근심스러운 것은 선문에 안목 있는 이가 나오지 않았다는 것이다. 이번 하안거에 백여 명이 선방에 들어와 화두를 들고 정진하였는데, 한 사람도 깨친 자가 없으니 이것이야말로 걱정이다."

공부한다는 명목은 있다. 결제면 모이고 해제면 행각한다. 모양은 예나 지금이나 변함이 없다. 그러나 법연 선사가 염려하고 있듯이 오늘날 방함록에 이름이 오른 납자가 이천 명이 넘는데 견성오도見性悟道의 소식은 종무소식이다.

걸망 메고 돌아다닐 때는 모르겠더니 비록 작은 산이지만 한 산의 주인이 되고 보니 책임이 막중하다. 산문의 주인 될 자격이 없다. 어떻게 해야 되겠는가. 평생 남의 돈만 세어왔으니 밑지는 장사에 어찌 바닥이 드러나지 않겠는가. 아마도 장사하는 데 맛들여 오히려 두려워하지 않는 것이 병통이다.

제방의 도반들이여, 이제 바다에 들어가 모래를 세는 헛수고는 그만하자. 어디 한번 안 태어난 셈치고 공부 좀 해보자. 공부하다가 죽으면 염라노자가 밥값이라도 깎아주겠지.

부디 일체의 욕망을 내려놓고 초심으로 돌아가자. 하필이면 우리가 살아가는 이 시대를 당하여 불법이 망하게 할 수는 없지 않는가. 분발하고 또 분발하자.

하안거 소참에서.

172
신령스러운 광명이

신찬 스님은 자신의 은사, 계현 스님을 떠나 마조 문하에서 선을 수행하고 눈이 밝아졌다. 다시 돌아와 아무 일 없었던 것처럼 은사를 시봉했다. 하루는 은사가 목욕을 하는데 신찬 스님이 등을 밀어드리다가 혼잣말처럼 중얼거렸다. "법당은 훌륭한데(好好法堂) 부처가 영험이 없구나(而不佛靈)."

은사가 무슨 말인지 확실치는 않으나 언짢아서 뒤로 돌아보니, 신찬 스님이 이번에는 다시 "부처가 비록 영험은 없으나(佛雖不靈), 방광은 하는구나(也能放光)."라고 했다. 은사가 분명히 무슨 일이 있었다는 것을 짐작만 하였다.

어느 날 은사 스님이 방 안에서 창문을 열어놓고 앉아 평소처럼 『화엄경』을 읽고 있는데, 마침 벌 한 마리가 창문으로 날아들어 왔다가 열린 문으로 나가지 못하고 애꿎은 창만 두드리고 있었다. 이를 본 신찬이 이렇게 읊었다.

空門不肯出　공문불긍출
投窓也大痴　투창야대치
百年鑽古紙　백년찬고지
何日出頭期　하일출두기

열린 문으로 나가지 않고,
창에 부딪치니 크게 어리석구나.
백년 동안 묵은 종이를 뚫으려 한들,
어느 세월에 나갈 날을 기약하겠는가.

도처에 열려 있는 것이 해탈의 문인데 백년이 다 되도록 경전만 읽고 있으니 어느 날에 생사해탈을 할 수 있겠느냐고 힐문하는 것이다. 아무리 금생의 인연이 은사 상좌이지만 깨달은 자의 눈으로 보니 답답할 노릇이다.

이 말을 들은 은사, 계현 스님이 무슨 일이 있었느냐 다그쳐 묻자, 신찬 스님은 사실 백장 선사 밑에서 선을 닦아 견처見處가 있었노라고 말했다. 은사 스님이 황급히 대종을 쳐 대중에게 알리고 제자를 법상에 모시고 직접 법문을 청했다.

靈光獨曜　영광독요
迥脫根塵　형탈근진
體露眞常　체로진상
不拘文字　불구문자
眞性無染　진성무염
本自圓成　본자원성
但離妄緣　단리망연
卽如如佛　즉여여불

신령스러운 광명이 홀로 빛나,
육근과 육진을 멀리 벗어났다.
바탕이 참되고 항상함을 드러내어,
문자에 구애됨이 없도다.
마음의 성품 오염됨이 없어,
본래 스스로 두렷이 이루어졌으니,
다만 망령된 반연만 쉬게 되면,
곧바로 한결같은 부처라네.

신찬 스님이 들려준 백장 선사의 게송이다.
이 법문을 듣고 은사 계현은 바로 그 자리에서 마음을 깨치고 이렇게 말했다. "어찌하여 내 일찍이 이와 같은 높은 법문을 듣지 못했던고."
그리고는 감격의 눈물을 흘렸다. 제자로 인해 스승이 깨친 일화이다.

텅 비어 고요하니 공적空寂이요,

신령스레 아는 반야가 있으니 영지靈知이다.

적지寂知의 마음자리를 깨침이 참선이다.

사람이 부처다. 본래부처다. 본래부처로 돌아감이 수행이다.

미타선원 행복선수행학교 선종사 강의 중에서.

173
산은 산이요

노승이 삼십 년 전에 참선을 하지 않았을 때에는
산을 보면 산이요, 물을 보면 물이었다.
그런 뒤에 선지식을 친견하여
약간 얻은 것이 있은 뒤에는
산을 보면 산이 아니요,
물을 보아도 물이 아니었다.
그런데 이제 마음 쉴 곳을 얻고 나니
이전처럼 산을 보아도 그저 산이요,
물을 보아도 그저 물이더라.

그대들이여, 이 세 가지 견해가 같은 것인가, 다른 것인가.
가려내는 사람이 있다면 노승이 친견을 허락하겠다.

- 청원유신 -

삼십 년 전에도 산은 산이요, 물은 물이었고, 삼십 년 후에도 산은 그대로 산이요, 물은 그대로 물이다. 무엇이 달라졌는가. 산이고 물이라는 형상만 떠나면 산도 아니요, 물도 아니다. 산과 물은 바로 산과 물이 아니고 그 이름이 산과 물이다. 산이 다하고, 물이 다하고, 노승마저 다한 그 자리에 산산수수 빛나더라.

청도 죽림사에서 선원청규 작업을 하며.

174
밖에서 찾지 말라

봄 찾으러 동구 밖 쏘다니지 말라.
담장 구석 매화에 봄빛이 스며 있나니.
인생의 답을 밖에게 구하지 말라.
묻는 그 속에 이미 답은 있나니.
사랑을 상대에게 구걸하지 말라.
안으로 넘쳐흘러야 사랑일지니.
평생을 남의 돈 세지 말라.
자기 보물은 자기 안에 있나니.
부처를 마음 밖에서 찾지 말라.
찾고 있는 그 마음이 부처라네.
안팎으로 넉넉함이 보살이고
구함마저 없어져야 부처라네.
둘 아님이 중도실상中道實相이다.

번뇌 가운데서 보리를 보고, 생사 가운데서 해탈을 얻으며,
중생 가운데서 부처를 깨달음이 불이선의 종지이다.

안거 중에 덕숭산 정혜사에서 보내다.

175
돈오해탈 頓悟解脫

눈으로 사물(色)을 볼 때 일체 사물을 분명하게 분별하되
그 분별하는 것을 따라서 망념을 일으키지 않으면
사물 가운데서 자재를 얻고 사물 가운데서 해탈을 얻어
색진삼매色塵三昧가 구족된다.

귀로 소리(聲)를 들을 때 일체 소리를 분명하게 분별하되
그 분별하는 것을 따라서 망념을 일으키지 않으면
소리 가운데서 자재를 얻고 소리 가운데서 해탈을 얻어
성진삼매聲塵三昧가 구족된다.

코로 냄새(香)를 맡을 때 냄새 가운데서
자재와 해탈을 얻어 향진삼매香塵三昧가 구족되고
혀로 맛(味)을 볼 때 맛 가운데서
자재와 해탈을 얻어 미진삼매味塵三昧가 구족되고
몸으로 감촉(觸)할 때 감촉 가운데서

자재와 해탈을 얻어 촉진삼매觸塵三昧가 구족된다.

뜻으로 일체 법法(존재, 생각)을 분별할 때
일체 법을 분명하게 분별하되
그 분별하는 것을 따라서 망념을 일으키지 않으면
법 가운데서 자유를 얻고 법 가운데서 해탈을 얻어
법진삼매法塵三昧가 구족된다.

모든 인식기관이 대상을 분명하게 잘 분별하는 것이
본래의 지혜이며
그 분별하는 것을 따라 망념을 일으키지 않는 것이
본래의 선정이다.

- 하택신회 -

육근六根·육진六塵·육식六識으로부터의 자재와 해탈이 정혜쌍수定慧雙修요, 육진삼매六塵三昧이며 돈오해탈頓悟解脫이다. 삼매와 해탈은 일상의 삶을 떠나 있는 것이 아니다.
일상생활 그대로가 수행이요, 지금 그대로가 해탈이다.

176
복수초福壽草

바람 잦아든 한산에
인고의 가슴팍을 비집고
피어난 눈 속의 노란 연꽃.

봄꽃 전령의
첫 자리에 앉아
차가운 눈빛으로
동토凍土를 일깨운다.

누구나 다복하라고
누구나 장생하라고
살 에는 축원을
금빛 가슴에 새기고

가끔 얼음새꽃이라고
눈새기꽃이라고 불려도
마냥 봄의 화신이고 싶은
그대 복수초여.

해거름 비끼는 산비탈에
겨우내 몸살로 품어온 사랑
행여 주는 눈길 없어도
눈썹에 허공 하나 매달고
그냥 살다 그냥 간다.

꽃샘바람이 차가운 삼월 어느 갠 날, 한산 사문 월암이 은혜로운 단월들께 봄소식을 전하며, 청안을 묻습니다. 항상 복혜구족福慧具足 하소서.

니 혼자 부처 되면 뭐하노

초판 1쇄 발행　2018년 4월 12일
초판 2쇄 발행　2018년 5월 12일

지은이　월암

펴낸이　오세룡
기획·편집　이연희 정선경 박성화 손미숙 최상애
취재·기획　최은영 권미리
디자인　장혜정 고혜정 김효선
사진　김정윤
표지 글씨　김종인
홍보·마케팅　이주하

펴낸곳　담앤북스
　　　　서울특별시 종로구 사직로8길 34 (내수동) 경희궁의 아침 3단지 926호
　　　　대표전화 02)765-1251　　전송 02)764-1251　　전자우편 damnbooks@hanmail.net
　　　　출판등록 제300-2011-115호

ISBN　979-11-6201-073-0 (03220)

이 책은 저작권 법에 따라 보호받는 저작물이므로 무단전재와 복제를 금합니다.
이 책 내용의 전부 또는 일부를 이용하려면 반드시 저작권자와 담앤북스의 서면 동의를 받아야 합니다.
이 도서의 국립중앙도서관 출판예정도서목록(CIP)은 서지정보유통지원시스템 홈페이지(http://seoji.nl.go.kr)와
국가자료공동목록시스템(http://www.nl.go.kr/kolisnet)에서 이용하실 수 있습니다. (CIP제어번호: CIP2018008789)

정가 17,000원